APPELS AUX EUROPÉENS

DU MÊME AUTEUR
CHEZ LE MÊME ÉDITEUR

Derniers messages, préface de Jacques Le Rider, traduction d'Alzir Hella, 2013.

par Israël à la population arabe, mais ne dit rien de notre offre de coopération au bénéfice de cette ville que nous aimons d'un même amour. On le sent brisé par notre victoire, si égaré qu'il est hors d'état de faire un choix libre pour son avenir. De quoi demain sera-t-il fait ? Ne pouvant répondre à cette question, il louvoiera entre deux eaux avant d'opter contre Israël, d'où il fut expulsé quelques mois plus tard après que son conseil municipal eut été dissous, le 29 juin 1967. J'assiste à ces événements, déchiré entre l'ivresse de la victoire qui s'est emparée de nous et la détresse des Arabes qui sombrent dans une dépression sans fond. Il devient évident que l'unité de Jérusalem, acquise en fait, sera beaucoup plus difficile à réaliser entre les ethnies et les communautés religieuses qui y vivent. Les fils d'Abraham semblent préférer la guerre !

La presse mondiale parlera d'annexion. Du côté juif, la situation s'analysait juridiquement d'une tout autre manière. Le partage de la ville était le résultat d'une guerre d'agression menée en 1948 par les armées d'Abdullah pour réduire à néant les conséquences de la recommandation de l'Assemblée générale des Nations unies en date du 29 novembre 1947. Jamais acte d'agression n'avait été plus évident : le partage de la ville s'était fait sur les lignes d'un cessez-le-feu qui n'avait jamais été suivi de paix, et l'annexion de Jérusalem et de la Cisjordanie par la Jordanie ne fut jamais reconnue par aucun autre pays que par la Grande-Bretagne et le Pakistan. Les autres nations, y compris les pays arabes, refusèrent de reconnaître le nouvel état de fait. Ce que la violence avait permis d'acquérir en 1948, la violence d'une nouvelle guerre d'agression déclenchée cette fois par le roi Hussein, le petit-fils d'Abdullah, le fit perdre à la Jordanie. Les amis du roi expliquaient l'erreur qu'il avait commise en déclenchant les hostilités en disant qu'il avait cédé aux menaces ou aux pressions de Kadhafi et du général Ameur, l'Égyptien.

Dès le 29 juin à midi, la ville était ouverte à tous. Il n'y avait plus de frontière matérielle ou légale pour la

naire mué en réalité. Le Mur semblait être devenu lui-même prière pour ceux de son peuple qui avaient oublié ce que prier voulait dire.

Cette colline du Temple où nous revenions avait vu naître la Bible, avait inspiré ses prophètes et ses apôtres. Si nous le voulions, elle pourrait redevenir une source d'unité entre l'Orient et l'Occident, la matrice d'une réconciliation entre les fils d'Abraham qui avaient tous partie liée avec les idéaux annoncés au monde par Jérusalem. Saurions-nous enfin obéir à leur appel ?

Nos administrateurs s'efforçaient de traduire en faits et en chiffres, en programmes et en projets, l'événement que nous vivions ; mais tous éprouvaient que, par essence, il dépassait l'analyse et le prévisible pour s'imposer à nous avec la toute-puissance d'une révélation. Dans les failles du Mur, les Juifs écrivaient des lettres qui répétaient d'un même cri le souhait de Moshé Dayan : « Donne la paix à ton peuple. » Chacun priait pour que les prémices de la victoire soient également celles de la paix. Notre conseil municipal l'espère et rend visite le 21 juin 1967 à nos collègues du conseil municipal de la ville arabe. De 1948 à 1967, Jérusalem avait eu deux maires, l'un arabe pour la Vieille Ville, l'autre juif pour Israël : Teddy Kollek, entouré de son conseil, se tient auprès de son collègue Rouhi el-Khatib et lui propose de s'associer à nous pour le bien de la ville désormais réunifiée. Les anciens parmi nos deux groupes se reconnaissent, se congratulent, évoquent leurs souvenirs vieux de dix-neuf ans, échangent des nouvelles. On a le sentiment d'une réunion de famille et non d'une première rencontre entre d'irréductibles ennemis. Une voix se fait entendre pour regretter les souffrances infligées à la population arabe depuis la conquête, c'est Rachid el-Nashashibi qui parle. Teddy répond, regrette la guerre et ses conséquences, souligne que jamais ville conquise n'avait été aussi bien traitée que la Jérusalem arabe et il demande : « Que serait-il advenu si vous aviez été les vainqueurs ? » Un silence se fit alors.

Rouhi el-Khatib nous remercie pour l'aide apportée

STEFAN ZWEIG

APPELS AUX EUROPÉENS

Préface et traduction de l'allemand
de Jacques Le Rider

BARTILLAT
2, rue Crébillon, 75006 Paris

Préface

L'Europe, «monde d'hier» et idée d'avenir

Dans les années 1930, Stefan Zweig plaide sans relâche pour l'unification européenne qui lui apparaît comme la seule chance de conjurer la menace de guerre et de mettre un terme à l'affrontement des nationalismes et des impérialismes impénitents. Son idéalisme, son refus de toute forme de *Realpolitik*, son aspiration à penser l'Europe hors de toutes les catégories politiques de son temps, au nom d'une éthique cosmopolite, donnent à ses professions de foi en un salut supranational de la civilisation européenne un caractère inactuel qui les rend insolites. À l'heure de la grande crise économique, sociale et politique qui permettait le triomphe du fascisme et du nazisme, ses appels à l'unification européenne apparaissaient comme décalés et intemporels.

Si nous accordons aujourd'hui une attention nouvelle aux propos de Stefan Zweig sur l'esprit européen, c'est parce qu'il nous aide à comprendre que l'intégration européenne est la seule idée raisonnable conçue au XXe siècle sur notre vieux continent, mais que l'euroscepticisme, devenu l'opinion la mieux partagée, a fini par ronger l'esprit européen lui-même. Le débat politique, dans les sociétés européennes, retombe dans l'ornière du principe national, d'où vient tout le mal, aux yeux de Zweig, et s'acharne à réduire l'Union européenne, dans le meilleur des cas à une nécessité, le plus souvent à une contrainte et parfois même à une sujétion.

Le cycle des manifestes de Stefan Zweig appelant à l'unification de l'Europe commence en 1930 par la nouvelle publication de son essai de 1916 «La Tour de Babel[1]» qui s'achève sur ces mots : «La nouvelle tour de Babel, le grand monument à l'unité spirituelle de l'Europe, est en ruine, ses ouvriers se sont enfuis. [...] Sans un effort commun pour l'entretenir et la poursuivre, elle tombera dans l'oubli. [...] Nous devons revenir sur le chantier[2].»

C'est à Florence, en mai 1932, puis à

1. *La Tour de Babel*, trad. Isabelle Hausser, in Stefan Zweig, *Essais*, éd. par I. Hausser, Paris, Librairie générale française (Le Livre de poche – La Pochothèque), 1996, p. 1235-1239 (première publication en traduction française dans *Le Carmel*, en avril et mai 1916, revue genevoise dirigée par Charles Baudoin et soutenue par Romain Rolland). *Der Turm zu Babel*, in *Vossische Zeitung*, Berlin, 8 mai 1916; nouvelle publication in *Pester Lloyd*, 1er janvier 1930; repris dans Stefan Zweig, *Europäisches Erbe*, éd. par Richard Friedenthal, Francfort/Main, S. Fischer, 1960, p. 274-279 ; repris dans Stefan Zweig, *Die schlaflose Welt. Aufsätze und Vorträge aus den Jahren 1909-1941*, éd. par Knut Beck, Francfort/Main, S. Fischer, 1983 (*Gesammelte Werke in Einzelbänden*), p. 68-73.

2. *La Tour de Babel*, trad. Isabelle Hausser, *op. cit.*, p. 1238 sq.

Milan, que Stefan Zweig présente sa conférence « La pensée européenne dans son développement historique ». Dans cet essai, il appelle de ses vœux les « États-Unis d'Europe » dont il place l'idée sous le signe de Nietzsche : « Ce n'est qu'à la fin du XIXe siècle que l'idée des "États-Unis d'Europe" en tant que mot d'ordre politique et suprapolitique[1] est exprimée et le postulat de la nécessité d'une unité économique et morale de tous les pays du continent n'a guère plus de cinquante ans d'existence. Nietzsche, le premier parmi les penseurs contemporains, déclare résolument qu'il faut en finir avec les "patriotarderies" et créer une conscience supranationale, le sentiment patriotique d'une Europe nouvelle. Pour lui, qui a précédé si tragiquement son temps, il n'y

1. Nous traduisons ainsi (modifiant la traduction d'Alzir Hella qui écrivait : « extra-politique ») *überpolitisch*, un mot que Zweig utilise à nouveau dans « La désintoxication morale de l'Europe ».

a plus de discussion possible sur le fait inévitable que l'Europe, [...] doit enfin s'unir[1].»

À cet endroit, Zweig cite un passage de *Par-delà le bien et le mal* qui résume sa propre conception de l'unité européenne : «La folie des nationalités explique pourquoi les peuples européens sont devenus de plus en plus étrangers les uns aux autres, et cette pathologique ignorance réciproque dure encore aujourd'hui ; elle a porté au pinacle des politiciens à la vue courte et à la main leste, qui ne se doutent même pas que leur politique de désunion ne peut être nécessairement qu'un intermède. [...] On feint de ne pas voir [...] les signes qui annoncent avec le plus d'évidence que *l'Europe veut s'unifier*[2].» Dans ces paroles de Nietzsche

1. Stefan Zweig, «La Pensée européenne dans son développement historique», trad. Alzir Hella, in Zweig, *Derniers messages*, Paris, Bartillat, 2013 (p. 53-78), p. 70.

2. Friedrich Nietzsche, *Par-delà le bien et le mal*, VIII (Peuples et patries), § 256, in Nietzsche, *Œuvres*, éd. par Jean Lacoste et Jacques Le Rider, Paris, Robert Laffont («Bouquins»), 1993, vol. 2, p. 703.

se trouvent condensées quelques convictions de Stefan Zweig : le nationalisme est une folie, une pathologie que des politiciens ont attisée pour se maintenir au pouvoir ; la voie de la raison et du retour à la santé mentale passe par l'unification de l'Europe. La désunion et le nationalisme conduisent à la décadence ; ils tirent leur force d'une pulsion de destruction. L'union européenne est la seule formule qui puisse assurer l'avenir des Européens et leur permettre de relancer le processus de civilisation.

Quelques mois plus tard, en novembre 1932, Stefan Zweig est invité à parler de l'Europe à Rome. Il compose le texte intitulé « La désintoxication morale de l'Europe », ici publié pour la première fois en traduction française, qui prolonge la conférence « La pensée européenne dans son développement historique ». Cette fois cependant, Zweig renonce au voyage en Italie et se contente d'envoyer son texte aux organisateurs. Il écrit à Romain Rolland, de Salzbourg, en novembre 1932 : « Demain s'ouvre le congrès sur l'Europe de l'Accademia d'Italia. Je suis un des rares invités qui ne soient pas venus. J'ai envoyé une conférence, "La désintoxication morale de l'Europe" – on le lira et je ne serai pas obligé de serrer des mains que je n'aimerais pas toucher. Il faut savoir refuser et j'apprends cet art difficile mais nécessaire[1]. » Dans sa série de congrès de sciences morales et historiques, la Fondation Volta de la Reale Accademia d'Italia avait prévu un congrès sur l'Europe, à Rome, du 14 au 20 novembre 1932[2]. La liste des orateurs allemands invités permet

1. Stefan Zweig, Lettre à Romain Rolland, non datée (le cachet de la poste porte le 11 novembre 1932), in Stefan Zweig, *Correspondance (1932-1942)*, trad. Laure Bernardi (Paris, Grasset & Fasquelle, 2008), Paris, Librairie générale française – Le livre de poche biblio, 2010, p. 47.

2. Cf. Simona Giustibelli, « L'Europa nelle riflessione del convegno della Fondazione Volta » (Roma, 16-20 novembre 1932), in *Dimensione e problemi della ricerca storica*, revue en ligne de l'Université La Sapienza, Rome, 2002, vol. 1.

de comprendre pourquoi Stefan Zweig ne voulut pas y être présent : on y trouve, certes, les noms de Werner Sombart et d'Alfred Weber, mais on y découvre aussi ceux de Hermann Goering, de Hjalmar Schacht et d'Alfred Rosenberg.

Le traumatisme de la Première Guerre mondiale – au début de laquelle Stefan Zweig a succombé lui-même à la fièvre nationale, avant de se rapprocher des positions pacifistes – et la crainte angoissée de voir l'Europe rechuter dans la guerre font sentir à Zweig l'urgence d'une construction européenne qu'il conçoit, sur le modèle du cosmopolitisme qui fut sa forme de vie dans le « monde d'hier », comme une Europe de la culture, des arts et des sciences.

Dans l'essai que lui inspire en 1936 le roman de Roger Martin du Gard, *L'Été 14,* Stefan Zweig souligne que, vingt-deux ans après cet été 1914 au cours duquel tout a basculé, l'Europe n'a pas avancé d'un pouce, mais a au contraire terriblement régressé. En 1914, les forces morales et politiques qui s'opposaient à la guerre étaient plus fortes qu'aujourd'hui et les Européens avaient au moins une excuse : «Jusqu'au dernier moment, personne ne crut à la guerre. On la tenait pour impossible[1].» Aujourd'hui, estime Zweig, plusieurs nations européennes poussent à la guerre, les autres s'y résignent comme à une fatalité inéluctable, chacun sait ce qu'ont été les horreurs de la Grande Guerre et néanmoins, «l'ouvrage qui décrira l'atmosphère intellectuelle et morale de la guerre qui vient ne pourra que raconter cette chose lamentable : que l'Europe, placée en face du plus extrême danger, n'a pas ébauché la moindre résistance[2].»

---

1. Stefan Zweig, «1914 et maintenant», trad. Alzir Hella, in *Derniers messages*, op. cit. (p. 233-242), p. 239.
2. *Ibid.*, p. 242.

Contribuer à la refondation de la politique de son temps en la soumettant au principe régulateur d'une éthique cosmopolite : telle est l'utopie qui inspire Stefan Zweig. Il parle en « citoyen du monde » désireux de renouer avec l'universalisme humaniste, il croit encore à la possibilité d'un progrès scientifique, technique et moral des sociétés. Ce cosmopolitisme s'oppose à ce que nous appelons aujourd'hui la mondialisation capitaliste et à ce que Zweig considère comme le pire des dangers, l'impérialisme auquel conduit inévitablement le nationalisme. Il cherche la formule qui permettrait d'entraîner les peuples à former une société civile européenne au-delà des cloisonnements nationaux.

L'utopie européenne que Stefan Zweig oppose à l'Europe en danger des années 1930 ne consiste en réalité qu'en la restauration de l'Europe qui, dans le « monde d'hier», jusqu'à l'été 1914, semblait solidement constituée. «Jamais l'Europe n'avait été plus puissante, plus riche, plus belle, jamais elle n'avait cru plus intimement à un avenir encore meilleur[1].» Au milieu des années trente, quand Zweig écrit son projet de conférence sur «L'unification de l'Europe», on a le sentiment que sa plume finit par ne plus avancer. Le texte reste inachevé. Son découragement est trop grand pour qu'il arrive à croire lui-même à la possibilité de sauver le peu qui reste de l'esprit européen au lendemain de la prise du pouvoir par Hitler.

La pulsion de destruction qui, en 1914, a submergé les Européens n'a fait que s'affirmer depuis lors : «Partout le sang montait à la tête des États, y portant la congestion», le désir d'expansion impérialiste s'était propagé «comme une infection bacillaire», «les industriels français, qui

1. Stefan Zweig, *Le Monde d'hier. Souvenirs d'un Européen*, trad. Serge Niémetz, Paris, Belfond, 1993, p. 242.

gagnaient gros, menaient une campagne de haine contre les Allemands, qui s'engraissaient de leur côté[1]. » Aucun motif rationnel, écrit Zweig, n'explique le déclenchement de la guerre européenne et bientôt mondiale dans l'été 14 : les dirigeants européens, et les élites dans leur ensemble, agissaient comme sous l'empire d'une drogue qui altérait leur jugement et leur donnait à tous l'illusion de la toute-puissance. Les peuples avaient oublié ce que sont les désastres de la guerre, ils étaient eux aussi imprégnés de cette idéologie nationaliste et de cette culture de guerre qui leur avait été inculquée.

Puis le bourrage de crânes a relancé chaque jour, pendant plus de quatre ans, la haine des Européens contre d'autres Européens. C'est ainsi que Stefan Zweig s'efforce d'expliquer le déclenchement et le déroulement inexorable de la Première

1. *Ibid.*, p. 246 sq.

Guerre mondiale. Et c'est pourquoi il parle en 1932 de la nécessité urgente de désintoxiquer les esprits et les cœurs pour désamorcer les pulsions de mort déchaînées depuis 1914 et relancer un processus culturel qui, à ses yeux, ne peut passer que par l'unification de l'Europe.

L'aspiration de Stefan Zweig à une Europe supranationale est indissociable du « mythe habsbourgeois » dont il devient dans les années trente, comme Joseph Roth, un des chantres les plus éloquents. Dans *Les Dissensions nationales et les Juifs en Autriche,* J. S. Bloch écrivait que « seuls les Juifs sont des Autrichiens sans phrase », alors que tous les peuples se considèrent d'abord comme des Allemands, des Tchèques, des Polonais... Dès 1886, Bloch donne une des formulations les plus remarquables de l'idéal qui sera condensé plus tard dans le « mythe habsbourgeois » : « L'idée autrichienne est incompatible avec l'intolérance nationale.

L'État qui n'est pas national, mais qui ne voit son salut que dans l'égalité des droits de tous ses ressortissants, qui n'est ni allemand, ni slave, qui n'est ni catholique, ni protestant, ne peut et ne doit pas être hostile aux Allemands : il doit garantir à chaque peuple (*Volksstamm*) le déploiement positif et le développement spirituel et culturel de sa nationalité ; il a pour ainsi dire le cosmopolitisme pour fondement et constitue la synthèse supérieure de la nationalité et de l'universalité. [...] Aussi devons-nous, nous les Juifs, nous efforcer d'éteindre le feu des dissensions nationales, au lieu de l'attiser, d'atténuer les oppositions, au lieu de les exacerber. [...] Notre cri de guerre ne sera donc pas "contre les Allemands", ni "contre les Slaves", mais pour l'Autriche, pour la patrie commune tout entière[1]. » L'Autriche du « monde d'hier » a été pour Stefan

1. Joseph Samuel Bloch, *Der nationale Zwist und die Juden in Österreich*, Vienne, Gottlieb, 1886, p. 46 sq.

Zweig la préfiguration et le modèle de l'Europe démantelés par la guerre.

Il est pourtant probable que, même si les catastrophes de la Première Guerre mondiale lui avaient été épargnées, l'Autriche-Hongrie n'aurait jamais complètement résolu les problèmes posés par la coexistence des nationalités au sein d'un empire multinational caractérisé par une pluralité interne dont la tradition historique et le principe dynastique supranational habsbourgeois étaient censés garantir la cohésion. Les Allemands et les Hongrois défendaient leur position dominante. Chacune des autres nationalités rêvait d'obtenir la formation de son propre État-nation. Les solutions qui se présentaient n'étaient pas très nombreuses : la formule appliquée entre 1867 et 1914 fut celle de la négociation permanente, d'abord entre l'Autriche et la Hongrie, ensuite, dans la partie autrichienne de la monarchie bicéphale, entre les nationalités présentes dans chacune des provinces.

Ce système était, à vrai dire, aussi épuisant et aussi peu séduisant aux yeux de l'opinion publique que celui des négociations intergouvernementales de l'actuelle Union européenne : dans ces marchandages permanents, qui n'aboutissaient pas tous en temps utile, mais qui absorbaient toute l'énergie des dirigeants politiques et de leurs administrations, la cohésion de l'ensemble était le plus souvent perdue de vue, au profit des logiques nationales, pour ne pas dire nationalistes. Le processus de dislocation avançait inéluctablement, mais assez lentement pour rester presque imperceptible.

L'autre évolution possible de l'Empire austro-hongrois, souvent évoquée en théorie, mais jamais mise en pratique, aurait conduit à un système fédéraliste. Il est vrai que la formation des États fédérés, même si l'on avait entrepris la tâche sans doute impossible consistant à redécouper les provinces historiques, aurait dû prendre en compte la marqueterie des nationalités qui caractérise de la région centre-européenne et régler dans chaque territoire les innombrables conflits entre la nationalité majoritaire et les minorités.

La solution de la sagesse aurait pu être l'application du principe d'« autonomie personnelle » consistant à considérer la nationalité, non comme constitutive de la citoyenneté, mais comme un attribut subsidiaire de celle-ci. Selon un tel modèle, l'État habsbourgeois aurait pu se concevoir comme supranational, chaque individu conservant sa nationalité comme un attribut « infranational » de son identité civile (Johannes Urzidil dit dans *Le Triptyque de Prague* : « Je suis *hinternational*[1] »

1. Johannes Urzidil, « Predella – Relief der Stadt », in *Prager Triptychon*, Munich, A. Langen – G. Müller, 1960 ; *Le Triptyque de Prague*, trad. Jacques Legrand, Paris, Desjonquères, 1988.

jouant sur les mots « international » et « arrière-nation », comme on dit « arrière-pays » ou « arrière-plan »). Le système de l'autonomie personnelle était cependant difficile à mettre en œuvre, lui aussi, dans les régions de peuplement mélangé, car il consistait à distinguer les groupes ethnico-linguistiques pour leur permettre de cohabiter harmonieusement. Le pluralisme multiculturel risquait alors de conduire au cloisonnement de la société, dans chaque territoire, en communautés nationales définies par leur langue d'usage. De cette coexistence sans véritable cohésion résultait un curieux alliage de citoyenneté habsbourgeoise et de « nationalité privée ».

La tradition autrichienne opposée, dans le « monde d'hier », au principe national et *a fortiori* nationaliste, conduit Stefan Zweig à considérer l'Europe de ses vœux comme supranationale. La formule de l'Europe des nations ne serait recevable, dans cette perspective, que si l'on donnait à « nation » le sens que l'Empire libéral habsbourgeois accordait à « nationalité » (*Nationalität* ou *Volksstamm*) : un sens exclusivement culturel et linguistique, mais non politique. Stefan Zweig renoue avec le classique viennois Franz Grillparzer qui écrivait en 1849, sous le coup des mouvements révolutionnaires de 1848 – qui avaient été en Europe centrale des mouvements nationaux autant que des révolutions sociales et politiques – et de leur répression sanglante : « La voie de la culture contemporaine conduit / de l'humanité, / par la nationalité, / à la bestialité[1]. »

De Grillparzer à Stefan Zweig, c'est le nationalisme qui est critiqué, non l'idée de nation de l'article III de la Déclaration des droits de l'homme et du citoyen (« Le principe de toute Souveraineté réside essen-

1. Franz Grillparzer, épigramme *de* 1849, in Grillparzer, *Sämtliche Werke*, éd. par Peter Frank et Karl Pörnbacher, Munich, Hanser (1960), deuxième édition révisée 1969, vol. I, p. 500.

tiellement dans la Nation»), d'où il découle que l'État peut être défini comme la Nation juridiquement organisée. Mais aux yeux de Zweig, cette distinction historique entre nation et nationalisme appartient au passé : pour lui, il est devenu impossible de penser le *national* sans le *nationalisme*. L'Europe des nations ne serait, dans cette perspective, qu'une très insuffisante formule de compromis entre les volontés de puissance nationales, susceptible de tenir debout tant bien que mal, mais beaucoup trop fragile pour les temps de crise.

C'est le thème de la conférence «La désintoxication morale de l'Europe» : comment dégriser les Européens de leur ivresse nationaliste, comment les détourner du nationalisme qui est au XXe siècle, selon Zweig, le pire opium des peuples, comment former une nouvelle génération de vrais Européens en inculquant l'idée européenne à toute la jeunesse européenne ? Pour cela, il suggère de promouvoir une nouvelle culture historique contre les histoires nationales (c'est-à-dire nationalistes...) qui ne parlent que de guerres, de conquêtes, de victoires et de glorieux généraux.

L'esprit des Européens a été intoxiqué par le nationalisme et par une vision de l'histoire européenne qui leur suggère que la guerre, et non la paix, est la norme. « L'histoire de demain » (titre d'une conférence de 1938[1] dans laquelle Stefan Zweig reprendra plusieurs passages de sa conférence « La désintoxication de l'Europe ») devrait s'affranchir du point de vue patriotique, ne plus se borner à la chronique des batailles, ne plus célébrer comme des héros les grands chefs de guerre. Stefan Zweig appelle de ses vœux une histoire culturelle qui retracerait le processus de

---

1. Stefan Zweig, « L'histoire de demain », in Zweig, *Derniers messages, op. cit.*, p. 31-52.

civilisation et qui « montrerait, non le mal qu'un peuple a fait à un autre, mais ce qu'il lui doit », en somme une histoire, non des conflits et des guerres, mais des transferts culturels. Les héros de cette histoire nouvelle seraient les écrivains et les artistes, les intellectuels et les savants. Alors on pourrait dire à juste titre *historia magistra vitae.*

Pour donner à la jeunesse une éducation authentiquement européenne, il faudrait, écrit Zweig, l'inciter à connaître ses voisins européens, grâce à des séjours à l'étranger suffisamment longs. Ce projet éducatif destiné à la population européenne est l'aspect le plus frappant de conférence de Zweig sur la « désintoxication morale de l'Europe », l'aspect le plus prémonitoire aussi, puisque certaines idées forces de Zweig ont été réalisées, au moins partiellement : les échanges scolaires et universitaires comptent parmi les réussites les moins contestables de l'Europe d'aujourd'hui, même si ces échanges sont encore loin d'avoir atteint le volume et l'intensité que Zweig appelait de ses vœux. L'apprentissage de plusieurs langues étrangères européennes et la familiarisation de tous les lycéens et de tous les étudiants avec les cultures étrangères étaient à ses yeux un objectif essentiel.

D'autres propositions de Zweig, dans cette conférence sur « La désintoxication morale de l'Europe » semblent à première vue moins convaincantes. Ainsi ses idées concernant la création d'un journal européen qui répandrait une culture commune et serait publié, avec le même contenu, dans toutes les langues. Mais on peut se dire que certains médias audiovisuels diffusés dans plusieurs aires linguistiques européennes ont, longtemps après, réalisé le projet esquissé par Stefan Zweig. Lorsqu'il appelle à la création d'une instance supranationale de contrôle et de vérification des contre-vérités répandues par la presse, dans les différents pays européens, au sujet des États et des peuples étrangers, on se demande comment Zweig se représente une instance de contrôle qui serait à la fois d'une objectivité incontestable et d'une impartialité parfaite et qui disposerait du pouvoir d'imposer à toutes les rédactions de rectifier les « contre-vérités » diffusées à propos d'une puissance étrangère. Il est vrai que Zweig situe cette instance de surveillance de la véridicité des journaux dans un cadre européen, sur le modèle de la répression de la diffamation et de l'injure publique dans le cadre des législations nationales.

« L'unification de l'Europe » que nous publions pour le première fois en français dans le présent volume, est un texte de Stefan Zweig mis au net après l'installation de l'auteur à Londres au début de 1934, dont l'original allemand est resté inédit jusqu'à 2013.

Comment diffuser l'idée européenne, se demande Zweig au début du texte, quand on sait que les discours, les colloques et les congrès ne retiennent pas l'attention de l'opinion publique ? Les comités d'intellectuels pro-européens se réduisent à ce que Robert Musil, dans son roman *L'Homme sans qualités*, appelle avec une cruelle ironie des comités de « l'action parallèle » dont la trajectoire ne croise presque jamais la réalité politique et sociale.

Le spectacle de la propagande redoutablement efficace utilisée par les régimes fasciste, national-socialiste et stalinien produit sur Stefan Zweig un effet décourageant. Comment imaginer que l'idée européenne pourra jamais se faire entendre dans ce tintamarre assourdissant ? Zweig éprouve un effroi mêlé de jalousie face à ces formes d'agit-prop qui parviennent à mobiliser les masses en faisant appel à leurs ressorts inconscients et à leurs affects. Comment l'idée rationnelle par excellence, celle de la construction européenne, pourra-t-elle jamais tenir tête à la jouissance fusionnelle des foules manipulées et aux tendances irrationnelles que sont le nationalisme et la haine de l'étranger ? Le sentiment d'appartenance à une communauté européenne ne doit rien à ces tendances et à ces pulsions : il s'acquiert par l'éducation, la transmission d'une culture cosmopolite, l'expérience du contact et de l'échange créateurs avec l'étranger.

Pour susciter un sentiment d'appartenance commune à l'Europe, Stefan Zweig estime qu'il faudrait trouver une capitale européenne spontanément acceptée et reconnue par tous. Genève, dont Robert de Traz a condensé le mythe dans *L'Esprit de Genève* publié en 1929, pourrait-elle jouer ce rôle ? Au lendemain de la Grande Guerre, Robert de Traz[1] avait fondé la

1. Pendant la Première Guerre mondiale, Robert de Traz a été l'adversaire de Romain Rolland. Celui-ci écrit dans son *Journal des années de guerre 1914-1919* : « Dans la

Revue de Genève «internationale [*mais non*] internationaliste[1] ». Par patriotisme suisse, il approuvait la création de la Société des Nations. «Wilson a donné à la tradition genevoise la plus éclatante consécration qui soit, écrivait-il en 1920. C'est en considération de la Réforme, de Rousseau, de la Croix-Rouge que Wilson a imposé Genève à des gens dont beaucoup la détestent, et eussent bien voulu lui ravir cet extraordinaire privilège[2].» Mais Zweig

---

Semaine littéraire du 3 novembre [1917], Robert de Traz consacre un long article à l'influence néfaste des "pacifistes français réfugiés en Suisse" et principalement à la mienne sur la jeunesse suisse. Il me traite de "faux Christ des nations", et attribue mon pacifisme à une vanité d'écrivain, qui préfère son Jean-Christophe à la France, "l'idéalisme international" de l'un à "l'idéalisme patriotique" de l'autre.» (Romain Rolland, *Journal des années de guerre 1914-1919. Notes et documents pour servir à l'histoire morale de l'Europe de ce temps,* Paris, Albin Michel, 1952, p. 1338). À partir de 1922, Robert de Traz participe aux Décades de Pontigny où rencontre bon nombre des auteurs qu'il publie dans la *Revue de Genève.*

1. Cité in Landry Charrier, *La «Revue de Genève», les relations franco-allemandes et l'idée d'Europe unie*, Genève, Slatkine Érudition, 2009, p. 20.

2. Cité *ibid.*, p. 23.

doute que « l'esprit de Genève » suffise à insuffler vie à l'idée européenne : il évoque la Société des Nations et ses pourparlers diplomatiques coupés des réalités politiques et sociales avec une ironie critique qui fait songer à celle d'Albert Cohen au début de *Belle du Seigneur*.

Stefan Zweig propose donc de désigner chaque année une capitale de l'Europe, choisie en dehors du groupe des métropoles telles que Londres, Paris ou Berlin, dans laquelle on regrouperait les congrès internationaux de toute nature : colloques scientifiques, rencontres professionnelles, réunions d'affaires... Il faudrait en somme inculquer « l'esprit de Genève » à toutes les villes européennes à tour de rôle, avec l'espoir d'y répandre le cosmopolitisme et de multiplier à l'infini les rencontres entre individus et les contacts entre groupes socio-professionnels. Zweig a bien compris la difficulté de la construction européenne : celle-ci se bornerait à un grand principe abstrait et un édifice institutionnel sans légitimité vivante, si elle ne s'appuyait pas sur une « société civile européenne », sur une sociabilité européenne et sur une familiarité partagée avec des lieux, des villes, des paysages.

L'idée originale de Zweig consiste, au lieu de chercher à établir une capitale de l'Europe, à concevoir une « capitale tournante », chaque métropole jouant ce rôle à son tour, un peu sur le modèle du Saint Empire dont le *Reichstag* avait siégé dans diverses villes au cours des siècles avant de se fixer à Ratisbonne en 1663. Les propos de Zweig révèlent sa carte mentale de l'Europe : il parle du paysan slovaque et du marin norvégien, de Prague et de Helsinki.

La conviction de Zweig, dans ce texte sur « L'unification de l'Europe », est que l'essentiel ne pourra se faire qu'à partir de la société civile, non à partir des institutions et des partis politiques. C'est dans le dernier paragraphe de son projet de discours « L'unification de l'Europe » que Stefan Zweig livre le fond de sa pensée : son projet de capitale tournante de l'Europe, destiné à former et à mobiliser une société civile européenne, n'a de chance d'aboutir que s'il reste un projet *apolitique*.

L'attitude apolitique de Stefan Zweig, au début des années trente, lui a valu la réprobation de ses contemporains qui n'y voyaient que de l'irréalisme, une prudence anxieuse et un désir illusoire de ne se brouiller avec personne, de ne tourner le dos à aucun parti. « Son comportement trahit une grande irrésolution dans tous les domaines[1]. » Le 9 mars 1933, Romain Rolland note dans son journal, après avoir reçu la visite de Stefan Zweig à Villeneuve : « L'ami Stefan s'embourgeoise au petit trot – (même, en ces derniers temps,

1. Serge Niémetz, *Stefan Zweig. Le voyageur et ses ombres. Biographie,* Paris, (Belfond, 1996) Librairie générale française – Le Livre de poche, 1998, p. 514.

au galop). Il est sans doute très monté contre les hitlériens qui menacent d'une Saint-Barthélemy tout Israël, mais je ne suis pas très sûr qu'ils ne lui en imposent déjà, par leurs succès éclatants et par leur art de la mise en scène. Et il est beaucoup plus monté contre les communistes qu'il serait tout prêt d'accuser de tous les méfaits. Je réagis assez violemment contre ses amis, les socialistes, qui rejettent sur eux les torts de leur ignoble inaction. Il les défend, en disant qu'ils succombent à leur respect de “la légalité”. Beaux socialistes ! [...] Je sens que Zweig est en train de passer à l'autre camp. Il n'a point élevé de protestation contre les crimes d'Allemagne –, même contre ceux qui touchaient à ses confrères intellectuels[1]. »

Stefan Zweig exprime sans doute sa vérité intime lorsqu'il écrit à Richard Strauss le 3 septembre 1933 : « De tout

1. Cité *ibid.*, p. 516.

temps, vous le savez par mon *Fouché*, la politique m'a écœuré et je lutte de toutes mes forces pour ne pas me laisser entraîner à mon corps défendant dans leur propre jeu par des gens qui me sont étrangers[1]. » Cette phobie de la politique ne pouvait que déconcerter et parfois même indigner les contemporains de Zweig. Leur incompréhension est à son comble lorsque Stefan Zweig, après avoir accepté, en mai 1933, de collaborer à la revue antinazie animée par Klaus Mann, *Die Sammlung*, et après avoir annoncé l'envoi d'un chapitre de son *Érasme*, se rétracte et, le 11 septembre 1933, demande à Klaus Mann de retirer son nom de la liste des contributions annoncées dans sa revue, puis écrit à son éditeur, Anton Kippenberg, directeur des Éditions Insel,

1. Lettre de Stefan Zweig à Richard Strauss, de Salzbourg, le 3 septembre 1933, in Richard Strauss / Stefan Zweig, *Correspondance (1931-1936)*, éd. Bernard Banoun, trad. Nicole Casanova et Bernard Banoun, Paris, Flammarion (Harmoniques), 1994, p. 99.

qui croit encore possible d'obtenir un accommodement avec le pouvoir nazi, pour l'assurer de son hostilité à la ligne politique de la revue *Die Sammlung*. Cette lettre de Zweig à Kippenberg, publiée le 14 octobre 1933 dans le journal de la librairie allemande contrôlé par les nazis, apparaît comme un geste de ralliement d'autant plus affligeant qu'il est complètement vain, de la part de Stefan Zweig, d'espérer un traitement de faveur.

Prenant connaissance d'une déclaration de Stefan Zweig à la Jewish Telegraphic Agency, Romain Rolland note dans son journal le 28 novembre 1933 : « Finalement, Zweig, éperdu, pour se rallier l'opinion de l'Europe, brûle ses vaisseaux et rompt publiquement avec l'Allemagne hitlérienne. Le voici maintenant plus compromis auprès de Hitler que s'il n'avait pas retiré publiquement son nom de la revue des émigrés *Die Sammlung* ! Et voilà le beau résultat de trop de prudence !... Qui ménage trop met tout le monde contre soi[1]. »

Quelques jours plus tôt, le 18 novembre 1933, Stefan Zweig écrivait à Klaus Mann pour tenter de se faire pardonner sa défection, tout en s'efforçant de lui expliquer les raisons de son comportement : « J'ai été très contrarié qu'à l'encontre de ce que vous annonciez au départ vous ayez politisé votre revue, je l'avoue franchement, parce qu'il me semble aujourd'hui capital d'éviter, au moyen d'une revue politiquement neutre et représentative, que la littérature ne se scinde (comme en Russie) entre une littérature d'émigrés et une littérature d'État[2]. » On mesure dans ces lignes à quel point Stefan Zweig s'illusionnait sur la possibilité d'une attitude « politiquement neutre » en novembre 1933.

1. Cité *ibid.*, p. 521.
2. Stefan Zweig / Klaus Mann, *Correspondance (1925-1941)*, éd. Dominique-Laure Miermont, trad. Corinna Gepner, Paris, Phébus (littérature étrangère), 2014, p. 85.

On aurait du mal à comprendre la préférence donnée par Stefan Zweig à une action apolitique en faveur de l'Europe si on la confondait avec le point de vue exprimé dans les *Considérations apolitiques* de Thomas Mann (essai commencé en 1915, publié en 1918) qui débordent de nationalisme culturel et défendent l'Allemagne qualifiée de barbare contre ses ennemis ligués au sein de « l'Entente mondiale de la civilisation ». Pour rendre justice à la position singulière Stefan Zweig, nous proposons d'interpréter son rejet de la politique comme une antipolitique, au sens de l'*Ecce homo* de Nietzsche : « Il ne m'en coûte point d'être un "bon Européen". [...] Je suis peut-être plus allemand que peuvent l'être les Allemands d'aujourd'hui, les Allemands qui ne sont que des Allemands de l'Empire, du "Reich", moi qui suis le dernier *Allemand antipolitique*[1].» L'effort de Stefan Zweig, dans ses manifestes pro-européens des années 1930, consiste à penser à rebours de toute politique nationaliste et comme il considère que, depuis le choc des impérialismes européens qui fut à l'origine de la Première Guerre mondiale, aucun parti politique européen n'a échappé à la contagion nationaliste, sa réflexion s'engage dans une voie antipolitique.

Un demi-siècle plus tard, György Konrád définit en ces termes ce qu'il entend par «antipolitique» : «Les événements du passé et les circonstances actuelles ont donné à un certain romancier de Budapest le sentiment que l'atti-

1. Friedrich Nietzsche, *Ecce homo*, «Pourquoi je suis si sage», § 3, in Nietzsche, *Œuvres*, *op. cit.*, vol. 2, p. 1120 (ce passage, qui ne correspond pas au dernier état des manuscrits de Nietzsche, a été rejeté dans la partie «Commentaire» de l'édition critique des *Œuvres complètes* de Nietzsche établie par Giorgio Colli et Mazzino Montinari : *Sämtliche Werke. Kritische Studienausgabe*, Berlin, de Gruyter – Munich, Deutscher Taschenbuch Verlag, 1980, vol. 14, p. 472).

tude politique n'est pas satisfaisante parce qu'elle manque en quelque manière à la vérité. Mais l'attitude apolitique ne le satisfait pas davantage, parce qu'elle y manque tout autant. Logiquement, il ne lui restait qu'une troisième possibilité, assez difficile à décrire. Il l'a baptisée du nom d'antipolitique, désignant par ce mot une autodéfense personnelle contre l'excès de puissance des mécanismes politiques[1]. »

L'apolitisme de Zweig, interprété comme une antipolitique, traduit le rejet de l'extension du domaine de la politique à tous les domaines de l'existence individuelle et de la culture, et l'aspiration à un dépassement, à un contournement du politique, à une « (anti)politique de l'esprit » qui renouerait avec la tradition de la *Respublica literaria* des humanistes. Stefan Zweig fonde ses espoirs (extrêmement fragiles, il

1. György Konrád, Postface à *L'Antipolitique,* trad. de l'allemand Numa F. Tétaz, Paris, La Découverte (Cahiers libres), 1987, p. 230 sq.

le sait) sur une République des Lettres du temps présent qui tiendrait tête au totalitarisme des régimes fasciste, nazi et stalinien, qu'il considère tous les trois comme des excroissances du nationalisme. Mais il rejette aussi le rôle d'intellectuel engagé, compagnon de route de tel ou tel mouvement, parce qu'il y voit un assujettissement de l'esprit à la politique et qu'il considère celle-ci, d'après son expérience vécue depuis la Belle Époque, comme une entreprise de destruction des valeurs de la civilisation européenne.

Si nous proposons d'interpréter l'apolitisme de Stefan Zweig à la lumière de l'antipolitique antitotalitaire de György Konrád (publiée en 1984 avec le sous-titre « Méditations centre-européennes[1] », qui suggère qu'il y aurait au XXe siècle une tradition antipolitique propre aux intellec-

1. György Konrád, *Antipolitik. Mitteleuropäische Meditationen,* trad. du hongrois par H.-H. Paetzke, Francfort/Main, Suhrkamp, 1985.

tuels de la *Mitteleuropa*), nous n'oublions pas que la culture apolitique de Zweig s'est d'abord formée dans le « monde d'hier ».

Stefan Zweig est né en 1881, deux ans après le début gouvernement Taaffe qui met fin, à Vienne, à la période de gouvernement libéral. Sur le libéralisme mort, les mouvements populistes, nationalistes et antisémites pullulent. En 1882, le programme de Linz du mouvement national allemand d'Autriche est composé par une équipe étrangement disparate : Georg von Schönerer, le futur meneur pangermaniste et antisémite, y voisine avec le libéral démocrate Victor Adler, le futur fondateur du parti social-démocrate autrichien. C'est aussi au cours des années 1880 que Karl Lueger découvre l'efficacité des discours antisémites dans les campagnes électorales, dès les élections municipales de 1885, et récupère le mouvement du catholicisme social caractérisé par l'antilibéralisme et l'anticapitalisme. Les chrétiens-sociaux de

Lueger défendent les positions d'un nationalisme allemand tempéré par le patriotisme autrichien, mais ce dernier, chez les chrétiens-sociaux, s'oppose à l'idéologie d'État supranationale et multiculturelle de l'Empire libéral. Après son brillant succès aux élections municipales de Vienne, au printemps 1895, Lueger aurait pu devenir maire de Vienne si l'empereur n'avait pas retardé sa nomination à deux reprises, rejetant sa nomination le 6 novembre 1895, puis obtenant le retrait de Lueger, au profit d'un de ses lieutenants, au printemps 1896. L'intronisation de Karl Lueger dans les fonctions de maire de Vienne intervient finalement le 20 avril 1897.

Tel est le spectacle peu engageant qu'offre la politique au jeune homme Stefan Zweig : celui d'une vertigineuse dégradation des valeurs que, naguère, les libéraux étaient censés défendre. Ce que

Carl E. Schorske[1] appelle «le nouveau ton en politique» contraste étrangement avec le traditionalisme de l'institution impériale et royale, *k. und k.* ou cacanienne, incarnée par François-Joseph Ier, dont on fête en 1898 cinquante ans de règne. Seuls deux nouveaux mouvements politiques peuvent sembler estimables à Stefan Zweig, la social-démocratie et le sionisme[2]. La répugnance que lui inspirent les chrétiens-sociaux de Lueger, le sentiment que le système autrichien est bloqué, détournent Zweig de la politique. Pour lui, comme pour toute sa génération, Nietzsche est une référence essentielle et le nietzschéisme

1. Schorske, Carl E., *Vienne Fin de siècle. Politique et culture*, trad. Yves Thoraval, Paris, Seuil, 1983 (*Fin de siècle Vienna : Politics and Culture*, New York, Alfred A. Knopf, 1979).

2. Sur Stefan Zweig face au sionisme, cf. le chapitre 12, consacré à Zweig, dans Jacques Le Rider, *Les Juifs viennois à la Belle Époque*, Paris, Albin Michel, 2013 ; et Stefan Zweig, *Introduction à «E. M. Lilien. Son œuvre»* (1903), in *Approches. Revue trimestrielle de sciences humaines*, n° 156, décembre 2013 («Stefan Zweig»), p. 49-81.

conduit Zweig à l'esthétisme et à une attitude « antipolitique ».

Dans les années 1930, la plupart des contemporains de Stefan Zweig considéraient sa position apolitique ou antipolitique, et son refus de choisir son camp, comme indéfendables. Comment penser une Europe apolitique au temps de Mussolini, d'Hitler, de la crise des démocraties et de Staline ? La notion d'Europe, conçue comme le principe opposé au nationalisme et comme la modalité contemporaine du cosmopolitisme, pouvait-elle, à elle seule, tenir lieu d'option (anti) politique ?

Pour rendre justice à Stefan Zweig, ne le situons pas seulement dans le contexte de ses relations avec Klaus Mann. Comparons plus son allergie à la politique à celle de Robert Musil qui, dans sa « Confession politique d'un jeune homme » de 1913, écrivait avec une ironie provocatrice :

«Je ne me suis jamais intéressé jusqu'ici à la politique. L'homme politique, député ou ministre, m'apparaissait comme le domestique qui a le soin, dans la maison, des choses insignifiantes de la vie : qui veille à ce que la couche de poussière ne soit pas trop épaisse et à ce que les repas soient prêts à l'heure. Bien entendu, il s'acquitte de ces devoirs aussi mal que tous les domestiques, mais tant que ça peut aller, on se garde d'intervenir[1].» Quand on accorde aux politiques une considération aussi réduite, on ne songe pas à leur confier le gouvernement de sa maison, on évite qu'ils se prennent pour les seuls responsables de choses aussi importantes que la culture, l'éducation, les arts et la science – ou l'Europe. Ce qu'Edgar Morin appelait une politique de civilisation ne saurait être délégué au personnel politique.

1. Robert Musil, «Confession politique d'un jeune homme», in Musil, *Essais*, éd. et trad. Philippe Jaccottet, Paris, Seuil, 1984 (p. 61-68), p. 62.

En 1934, au détour de son allocution intitulée « L'écrivain dans notre temps », Robert Musil répète que le vrai libéralisme, celui dont Goethe a donné le plus bel exemple, consiste en un sentiment et une pensée apolitiques[1]. Un an plus tard, Musil suscite l'incompréhension générale, chez certains même une franche indignation, lorsqu'il déclare au Congrès international des écrivains pour la défense de la culture (réuni à la Mutualité, à Paris, en juin 1935) : « Comment défendre la culture et contre quoi, voilà un problème infini. [...] Ce que je veux dire ici et aujourd'hui est apolitique. Toute ma vie, je me suis tenu à l'écart de la politique, parce que je ne me sens pour elle aucun don. On objecte qu'elle requiert chacun de nous, parce qu'elle est quelque chose qui concerne chacun de nous; objection que je n'arrive pas à comprendre.

1. Robert Musil, « L'écrivain dans notre temps », *ibid.* (p. 274-291), p. 286.

L'hygiène aussi concerne chacun de nous ; néanmoins je n'en ai jamais traité en public, parce que je me sens aussi peu doué pour faire un hygiéniste que pour faire un industriel ou un géologue[1]. » Et Musil achève de dérouter et d'irriter son auditoire en ajoutant : « La culture n'est liée à aucune forme politique. [...] Une part de notre aversion pour les formes politiques autoritaires, bolchevisme et fascisme, se réduit à notre habitude des formes démocratiques et parlementaires », mais « l'absolutisme éclairé est aussi une bonne chose, à condition que ce qu'on appelle l'absolu soit lui-même éclairé[2]. »

On conviendra que le fait de citer aussi longuement Robert Musil dans la préface à des essais de Stefan Zweig ne manque pas de piquant, tant on a pris le pli de considérer Zweig comme un écrivain

1. Robert Musil, « Conférence. Paris », *ibid.* (p. 292-296), p. 292.
2. *Ibid.*, p. 294.

facile et favori du grand public, à l'opposé de Musil, le philosophe artiste à l'aise dans les deux cultures scientifique et littéraire, l'expérimentateur avant-gardiste du roman contemporain.

Il reste que l'analogie des positions de Musil et de Zweig est frappante. Elle révèle que la sensibilité apolitique ou antipolitique de Stefan Zweig ne saurait être réduite, comme on le fait le plus souvent, à une sorte d'indolence proche de l'inconscience, à un idéalisme sentimental et mélancolique condamné aux désillusions les plus déchirantes. Un autre passage de la conférence prononcée par Musil à Paris en juin 1935 semble extrait d'un des textes de Zweig sur l'esprit européen : « La culture a toujours été supranationale. [...] Il est interdit aux serviteurs de la culture de s'identifier totalement à un état momentané de leur culture nationale[1]. »

1. *Ibid.*, p. 294.

En conclusion de la conférence de 1935, Musil énumère quelques-unes des conditions nécessaires au devenir d'une culture : aucune d'entre elles ne relève de ce qu'on appelle une « politique culturelle » (sans doute, on l'a compris, parce que « politique » et « culturelle » ne peuvent, pour Musil comme pour Zweig, que constituer une *contradictio in adjecto*).

Les conditions nécessaires à l'énergie créatrice que mentionne Musil sont la liberté, la franchise, le courage, l'incorruptibilité, le sens de la responsabilité, l'esprit critique et l'amour de la vérité. Zweig, lui aussi, estime que l'Europe a beaucoup moins besoin de politiques et de diplomates que de « bons Européens » dégrisés des passions politiques nationales et désintoxiqués des addictions idéologiques qui ont rendu possible la Première Guerre mondiale, puis rendu illusoire le retour à la paix, et qui ont fait le lit du fascisme et du nazisme.

Dans la discussion sur l'Union européenne du temps présent, la phrase de Robert Musil : « La culture [européenne] n'est liée à aucune forme politique », à première vue frappée au coin de l'évidence, serait explosive. Car elle signifie que l'idéal européen n'implique aucune forme politique d'union européenne en particulier, mais seulement le respect des valeurs et des exigences mentionnées par Musil (liberté, franchise, courage, incorruptibilité, sens de la responsabilité, esprit critique, amour de la vérité), auxquelles Zweig ajouterait le refus catégorique de toute forme de nationalisme et l'affirmation d'un cosmopolitisme humaniste.

Ce n'est pas seulement par prudence que Stefan Zweig évite de parler politique : il s'en détourne comme d'une compromission. Le 27 mars 1934, par exemple, il écrit dans une lettre à Joseph Roth : « Vous pouvez imaginer mon inquiétude lorsqu'on m'a rapporté que j'aurais fait quelque déclaration politique à Paris contre l'Autriche[1] – j'ai donné une interview à *Paris-Soir* ou à *L'Intransigeant*, je ne me souviens plus, il y a trois mois, à la condition qu'il n'y ait *pas un seul mot de politique* et que ça ne paraisse pas sans que je l'ai revu, et c'est paru *sans un seul mot de politique*. Tout ce qui m'est imputé d'autre est un pur mensonge[2]. »

Dans « La désintoxication morale de l'Europe », Stefan Zweig suggère qu'il faudrait commencer par mettre les politiques hors d'état de nuire à la cause européenne.

---

1. À cette date (le 27 mars 1934), Engelbert Dollfuss, chancelier depuis le 20 mai 1932, a mis en place le régime autoritaire, clérical et corporatiste « austrofasciste », en lutte à la fois contre la gauche social-démocrate et communiste et contre les nazis. En février 1934, des combats de rue ont opposé les socialistes, à Vienne et dans d'autres villes d'Autriche, à la police et la milice paramilitaire conservatrice soutenues par l'armée.

2. Lettre de Stefan Zweig à Joseph Roth, de Londres, le 27 mars 1934, n° 120, in Stefan Zweig / Joseph Roth, *Correspondance (1927-1938)*, trad. Pierre Deshusses, Paris, Payot & Rivages (Bibliothèque Rivages), 2014, p. 164.

Si l'Europe, au seuil des années trente, est un champ de ruines menacé de redevenir un théâtre de guerre, c'est, écrit-il, parce que les politiques au pouvoir depuis l'été 14 ont tout fait pour dresser les peuples les contre les autres : « La haine de l'ennemi fut-elle, dans tous les pays, continuellement alimentée et disciplinée, des millions de natures en réalité indifférentes furent poussées à une dépense affective de haine nettement plus élevée que celle dont leur organisme et leur tempérament étaient coutumiers. » Depuis lors, Zweig a le sentiment que la politique ne peut pas – et ne veut pas – se passer d'un climat de tension et de haine.

Sa position face aux dirigeants politiques n'est pas très éloignée, ici encore, de celle de Robert Musil qui, dans son essai de 1922 *L'Europe désemparée*, compare les Européens du « monde d'hier » à des voyageurs endormis dans un train de nuit conduit par de dangereux irresponsables :

la catastrophe de l'été 14 a résulté, commente Musil, de « notre complète inertie à l'égard des groupes de spécialistes chargés de la machine de l'Etat ; nous avons été pareils à ces voyageurs de wagons-lits qui ne se réveilleront qu'au moment de la collision[1]. » Stefan Zweig, lui aussi, estime que les Européens des années 1930 sont toujours réduits au rôle passif de voyageurs d'un convoi entraîné à grande vitesse vers le gouffre par de mauvais conducteurs.

L'Europe a besoin d'être soignée et guérie de sa maladie nationaliste : la cure consistera à « éliminer les résidus de haine qui, depuis la guerre, infectent encore le sang de nos peuples, nous devons aussi éviter que ces résidus s'accroissent à nouveau sous l'effet de la politique. » Car la politique, Zweig le déclare un peu plus loin dans sa conférence sur « La désin-

1. Robert Musil, « L'Europe désemparée », in Musil, *Essais*, *op. cit.*, (p. 134-156), p. 150.

toxication morale de l'Europe», «soulève toujours des difficultés et se fonde sur les tensions». Les réserves de Zweig envers la politique expliquent aussi l'antipathie que lui inspirent les initiatives de la Société des Nations dans le domaine de la culture : «Pour la SDN, estime-t-il, la politique compte plus que la culture.»

La politique répugne à Zweig et lui fait peur, c'est certain, mais il ne fonde pas pour autant des espoirs démesurés sur la parole des écrivains. Leur intervention, plus ornementale qu'efficace, dans des congrès politiques lui inspire un grand scepticisme. Il écrit par exemple le 25 octobre 1926, de Salzbourg, à Romain Rolland : «À Vienne, nous avons eu le grand congrès paneuropéen de l'(excellent et très sympathique) comte Coudenhove.» – Stefan Zweig parle ici de la troisième assemblée générale de l'association internationale pour la coopération organisée par le mouvement pour l'union paneuropéenne dont Richard Coudenhove-Kalergi était le fondateur – « Naturellement, ce succès stimula le prince Rohan et quinze jours plus tard, il organisa une semaine intellectuelle présidée par Hofmannsthal (fanfare de guerre en 1916) avec l'assistance de Paul Valéry (qui rachète son noble silence de quinze ans par une activité prodigieuse). » – le prince Karl Anton von Rohan, d'orientation plus conservatrice que Coudenhove-Kalergi, qu'il n'appréciait guère, avait fondé en 1922 le *Kulturbund* (Ligue pour la culture) et s'efforçait de resserrer ses liens avec la France où il avait suscité la création, en 1924, d'une Fédération des Unions intellectuelles. Il dirigeait depuis 1925 la *Europäische Revue (Revue européenne)*. En 1938, le prince Rohan rejoignit le NSDAP – « Et ici le congrès de l'Union des ligues pour la Société des Nations avec Aulard[1] etc. etc.

1. Alphonse Aulard, historien français, spécialiste de l'histoire de la Révolution française.

Je trouve tout cela un peu ridicule. [...] Ces conférences me dégoûtent profondément et leur résultat moral est *nul*[1]. »

Un peu plus loin dans la même lettre, Stefan Zweig se moque de la « nouvelle manie de voyager en missionnaire de l'esprit à travers l'Europe – Thomas Mann, Paul Valéry font concurrence aux stars du cinéma. Et le public les regarde partout avec la même curiosité stupide[2] ». Ce n'est pas seulement la jalousie envers de grands écrivains contemporains qui, Hofmannsthal et Thomas Mann en particulier, ne l'ont jamais tenu en grande estime, qui pousse Zweig à parler sur ce ton sarcastique. On comprend en lisant le projet de conférence sur « L'unification de l'Europe » que Zweig ne croit pas à l'efficacité des dis-

1. Lettre de Stefan Zweig à Romain Rolland, de Salzbourg, le 25 octobre 1926, in Stefan Zweig, *Correspondance (1920-1931)*, trad. Laure Bernardi, Paris, Grasset & Fasquelle, 2003 ; Librairie générale française, Le Livre de poche, Biblio, 2005, p. 249 sq.

2. *Ibid.*, p. 251.

cours et des écrits de propagande. « L'anti-politique de l'esprit » dont il esquisse les contours a pour finalité de contribuer à la formation d'une société civile européenne et non d'offrir aux écrivains une tribune pour de beaux discours condamnés à rester sans effet.

Cette allergie et cette inaptitude à la politique explique aussi pourquoi Stefan Zweig, au cours des années 1920, sans cesser d'admirer Romain Rolland et sans relâcher sa correspondance régulière avec lui, « se détourne de Rolland et prend Freud comme guide spirituel et comme mentor[1] » surtout à partir du moment où Romain Rolland devient un compagnon de route du parti communiste.

Ne pas concevoir l'Europe comme le simple prolongement de la puissance

1. Jean Lacoste, « Relations Stefan Zweig – Romain Rolland », in *Approches*, n° 156, décembre 2013 (dossier Stefan Zweig) [p. 119-135], p. 130 sq.

nationale – chaque nation ayant sa représentation de l'Europe, différente de celle des nations voisines – mais adhérer véritablement à une supranationalité européenne, telle est l'aspiration de Stefan Zweig. Ses ennemis suprêmes sont le nationalisme et son corollaire, l'impérialisme qui sommeille dans toute politique nationale, même dans les « petites nations », parce que les frontières politiques, particulièrement en Europe centre-orientale, coïncident rarement avec les frontières culturelles (linguistiques, en particulier) et avec la « carte mentale » inscrite dans l'imaginaire collectif. Chacune de ces cartes mentales se réclame des discours savants des historiens nationaux et nous avons vu que Zweig dénonce l'histoire d'hier et d'aujourd'hui, pétrie de nationalisme, et réclame une nouvelle orientation cosmopolite et européenne de « l'histoire de demain ».

Cette horreur du nationalisme explique aussi l'absence presque complète de la dimension économique dans les textes de Stefan Zweig sur l'Europe. Pareille lacune a de quoi déconcerter, si l'on admet, selon l'idée la plus communément reçue, que la création d'un marché commun européen a constitué le facteur le plus puissant et le plus efficace de l'intégration européenne lancée par le Traité de Rome, alors qu'une approche culturelle de la construction européenne – autre idée très répandue – n'aurait jamais permis d'avancer aussi rapidement.

Stefan Zweig voit les choses tout autrement : l'impérialisme économique des puissances européennes a été une cause majeure de la Grande Guerre et depuis la fin des hostilités, les crises économiques et monétaires ont empêché l'Europe de retrouver son équilibre et encouragé dans tous les États la tendance au repli nationaliste. Dans les phases de stabilité et de prospérité, l'économie apparaît comme une base solide de l'édifice européen, mais en temps de crise, cette base s'effrite et les tendance protectionnistes nationalistes reviennent au galop, ce qui révèle qu'un marché commun – surtout s'il se réduit en fin de compte à une zone de libre échange – ne permet pas, à lui seul, de structurer un espace politique et culturel commun.

Stefan Zweig, s'il revenait aujourd'hui parmi nous, serait déconcerté : les Européens ne considèrent plus l'Europe que comme un dispositif techno-bureaucratique, coiffant les différentes techno-bureaucraties nationales, et ils réagissent à cet empilement d'instances, qui leur semblent parfaitement indifférentes à l'expression démocratique de la volonté générale, avec plus ou moins d'euroscepticisme.

Pour Zweig, la construction d'une Europe intégrée et post-nationale était une tâche exaltante, un impératif catégorique et la seule voie souhaitable de la civilisation européenne.

Nous parle-t-il encore, cet idéaliste qui n'aimait pas la politique et ne voulait penser l'Europe que d'un point de vue apolitique ou antipolitique ? Son point de vue nous permet en tout cas de comprendre que l'euroscepticisme ne serait une option défendable que si l'on admettait que l'État-nation est une position de repli encore envisageable. Mais est-ce bien le cas ? La délégitimation des institutions européennes ne s'accompagne-t-elle pas de l'érosion de la légitimité des politiques nationales ? L'euroscepticisme n'est-il pas le symptôme d'un scepticisme plus global qui porte sur l'action politique en général, que celle-ci soit conduite dans un cadre national ou menée par les institutions européennes ?

Les élites politiques nationales ayant jalousement veillé à ne pas se laisser déposséder de leur pouvoir par un gouvernement supranational européen, l'Union européenne n'est qu'une superstructure intergouvernementale dont les cochers, comme le maître Jacques d'Harpagon, sont aussi les cuisiniers de leurs États respectifs. Les institutions parlementaires, censées faire vivre la démocratie représentative, n'enchantent pas plus le peuple électoral à Bruxelles et Strasbourg qu'à Paris. Le scepticisme de Zweig envers la politique, qui s'était transformée en dégoût pendant la Grande Guerre, puis au fur et à mesure de l'aggravation des crises des années vingt et trente, se répand aujourd'hui dans le corps social européen.

Une chose en tout cas n'a pas changé depuis l'époque où Zweig lançait ses appels aux Européens, et il n'y a pas lieu de s'en réjouir. L'esprit européen sans lequel l'Europe est condamnée à rester un édifice institutionnel subordonné aux États-nations « existe, sans aucun doute, mais il est encore à l'état latent. Nous avons de cela la même certitude que l'astronome qui voit apparaître dans sa lunette un astre dont ses calculs lui ont révélé l'existence. Bien que l'esprit européen ne se soit pas encore manifesté, nous savons avec une certitude mathématique qu'il existe[1] ». C'est ce que déclarait Stefan Zweig en juillet 1936. En 2014, le télescope le plus puissant nous suffit à peine pour repérer l'astre vacillant de l'esprit européen.

Jacques LE RIDER

1. Stefan Zweig, « Réponse à une enquête sur l'esprit européen », publiée dans *Les Nouvelles littéraires* le 4 juillet 1936, publiée sous le titre « Pour une Europe de l'esprit » dans le volume *Stefan Zweig*, Paris, Le Magazine littéraire (Nouveaux regards), 2012 (p. 183-184), p. 183.

APPELS AUX EUROPÉENS

La désintoxication morale de l'Europe

Conférence pour le congrès sur l'Europe de l'Accademia d'Italia à Rome (1932)

Si nous considérons l'Europe comme un organisme intellectuel unique – deux mille ans d'une culture édifiée en commun nous en donnent sans réserve le droit – nous ne pouvons éviter de reconnaître que cet organisme, au moment présent, a succombé à une grave crise psychique. Dans toutes les nations ou presque se manifestent les mêmes phénomènes de forte et brusque irritabilité malgré une grande lassitude morale, un manque d'optimisme, une méfiance prête à s'éveiller en toute occasion et la nervosité, l'humeur chagrine qui résultent du sentiment général d'insécurité. Pour se maintenir en équilibre, les humains doivent faire constamment un effort psychique, de même que les États ne doivent pas relâcher leurs efforts en matière d'économie ; on ajoute foi aux mauvaises nouvelles plus facilement qu'à celles qui rendent l'espoir et les individus autant que les États, plus qu'à d'autres époques du passé, semblent prêts à se haïr. La défiance mutuelle se révèle infiniment plus forte que la confiance. Toute l'Europe semble subir l'humeur des jours de vent où le fœhn ou le sirocco empêchent les forces vives de jouer librement, pèsent sur l'état d'âme et irritent dangereusement les nerfs sans inciter à l'action réelle.

Le fait que cet état de tension signale la présence persistante dans notre système sanguin d'un résidu persistant laissé par la guerre se passe de démonstration. Les années de guerre ont habitué les gens dans tous les pays à des sentiments plus fortement et plus violemment tendus. Comme les guerres ne peuvent pas être menées froidement et ne représentent pas seulement des équations de chiffres et de machines, un énorme apport de passion exacerbée fut nécessaire pour aller jusqu'au bout d'une période aussi longue et terrible que cette guerre de quatre ans. Un certain «*dumping*» affectif, une excitation permanente des instincts de haine, de colère, d'amertume furent nécessaires dans tous les États pour convaincre encore et toujours les individus impliqués de la nécessité d'investir leurs forces affectives les plus extrêmes car l'enthousiasme, selon le mot de Goethe, «n'est pas comme le hareng saur une salaison qui se conserve des années[1]»; il n'est en fait qu'un bref

1. Stefan Zweig reprendra ce passage, du début du paragraphe jusqu'à cette citation de Goethe, dans sa conférence de 1938 «L'histoire de demain», publiée dans Stefan

état émotionnel, un superlatif de la dynamique psychique et ce court moment devait absolument être amplifié et prolongé. Aussi la haine de l'ennemi fut-elle, dans tous les pays, continuellement alimentée et disciplinée, des millions de natures en réalité indifférentes furent poussées à une dépense affective de haine nettement plus élevée que celle dont leur organisme et leur tempérament étaient coutumiers.

Puis, la paix rétablie, ce devoir de haine fut d'un seul coup aboli et déclaré superflu. Mais un organisme, une fois qu'il a pris l'habitude d'une drogue, ne peut pas être sevré d'un seul coup. Qui n'a cessé de consommer des narcotiques ou des stimulants pendant des années ne peut en l'espace d'une heure rendre son corps complètement sobre et de même – inutile de le nier – le besoin de tension politique

---

Zweig, *Derniers messages,* trad. Alzir Hella, Paris, Bartillat, 2013, p. 33-34 (NdT).

et de haine collective a persisté à l'état latent au sein de notre génération. Il n'a fait que se déplacer de l'ennemi étranger vers d'autres cibles, devenant haine entre systèmes, entre partis, entre classes, entre races, tout en conservant pour l'essentiel les mêmes formes. Le besoin d'afficher en groupe une agressivité visant d'autres groupes domine l'Europe aujourd'hui encore. On ne peut s'empêcher de songer à cette vieille légende qui raconte comment, longtemps après la bataille, les ombres des morts continuent à se battre dans les airs. Mais cet état fatal d'insécurité, d'inquiétude spirituelle, de méfiance et d'hostilité mutuelle est ressenti, dans tous les pays aussi douloureusement, par tous les intellectuels d'Europe. Voici le problème qui s'impose à nous impérieusement : comment procéder à une désintoxication morale de cet organisme, de quelle manière, par quelle action systématique atténuer la dépression psychique qui pèse sur l'Occident en même temps que la dépression économique – la dépression morale aggravant sans cesse la dépression économique et inversement ?

Quels que soient son courage et sa détermination, celui qui voudrait s'attaquer à ce problème devrait d'abord s'avouer en toute honnêteté qu'on ne saurait espérer le retournement brusque et soudain d'une situation qui affecte déjà des millions d'âmes. Pour les maladies psychiques, il n'y a pas de *magna therapia sterilisans,* de cure miraculeuse unique et soudaine, mais comme pour tous les phénomènes d'intoxication, on ne peut mettre en œuvre qu'une cure de désintoxication progressive, un traitement logique et systématique de sevrage destiné à venir à bout de l'accoutumance irrationnelle acquise naguère de manière soudaine.

Ne cédons pas à l'espoir d'un brusque renversement de la situation. Peut-être devons-nous même renoncer – c'est douloureux à dire et à reconnaître ! – à une guérison complète de notre propre génération, celle de la guerre, et consacrer toute notre énergie à ce qu'au moins la classe d'âge suivante, celle qui arrive et qui pourra véritablement compléter l'édifice, ne succombe pas à la mentalité haineuse, si fallacieuse et si funeste, de notre génération. On ne pourra se contenter de proclamations, d'appels, de conférences, de ligues et de manifestations de bonne volonté à l'adresse de l'humanité du temps présent. Il faut accomplir un travail opiniâtre, mûrement pensé, systématique, pour permettre à l'âme de la nouvelle génération montante de se cristalliser avec plus de pureté, de solidité, de clarté et de netteté que la nôtre, dont la guerre a fracassé la forme originelle sous le poids de son marteau terrifiant. Nous ne devons plus songer à reconstituer ce qui est parti en morceaux, mais seulement à construire ce qui n'a pas encore pris forme en lui donnant de nouveaux traits plus féconds.

Cette construction d'une nouvelle génération doit bien entendu commencer au moment de l'éveil intellectuel, à l'école, à l'heure de l'existence où la vie l'esprit de l'individu en devenir s'offre encore, souple et tendre, comme l'argile du sculpteur, à la main experte de l'enseignant. Tout prendra une bonne tournure si la nouvelle jeunesse d'Europe, dans tous les pays, est éduquée comme il convient. Mais cette nouvelle éducation devra partir d'un changement de conception de l'histoire, c'est-à-dire de l'idée fondamentale qu'il faut insister sur ce que les peuples d'Europe ont en commun plus que sur leurs conflits. Cette conception qui me semble, à moi comme à tant d'autres, s'imposer sans conteste, a toujours été écartée jusqu'ici pour faire place à une vision purement politique et nationale de l'histoire. On a enseigné aux enfants l'amour de leur pays natal, une conception que nous ne songeons pas à contredire, mais seulement à élargir en ajoutant à cet enseignement l'amour de leur patrie commune, l'Europe, et du monde entier, de l'humanité entière et une représentation de la notion de patrie placée sous le signe, non de sa relation d'hostilité, mais de son imbrication avec les patries étrangères.

Mais cette conception que nous appelons de nos vœux, est contredite, dans toutes les nations, par une représentation de l'histoire enseignée dans chaque pays du même point de vue : celui qui considère que, de tout temps et en tout lieu, depuis des millénaires, l'adversaire historique donné est un ennemi coupable de la patrie injustement attaquée ; et qui fait que, dans les manuels, toutes les guerres sont décrites comme imposées avec violence par l'adversaire et menées seulement pour la défense de la patrie.

Peut-être – j'en conviens volontiers – l'histoire politique, l'histoire nationale, ne peuvent-elles pas être écrites et enseignées autrement. Peut-être cette manière d'écrire et d'enseigner l'histoire exprime-t-elle même une pensée morale, car seuls les peuples primitifs, dans leur naïveté première, ont eu le courage de se vanter d'avoir entamé des guerres avec une froide audace et par simple plaisir. N'est-ce pas la caractéristique d'une histoire écrite de cette manière, consistant à présenter toutes les guerres et toutes les conquêtes comme imposées de l'extérieur, que de commencer par le premier intellectuel, qui fut à la fois un chef de guerre et le chroniqueur de ses campagnes, Jules César ? Ce grand personnage fut aussi le premier à se sentir gêné d'avouer qu'il n'avait conquis la Gaule, la Britannia et la Germania que pour accroître la puissance romaine et son propre pouvoir : il ne cesse de déclarer qu'il a été provoqué, défié par ces différents peuples et, quand il vante ses victoires, il n'ose pas convenir que c'est par simple instinct de conquête qu'il a avancé jusqu'aux confins de l'Europe.

Plus nous éprouverons un sentiment moral, plus nous considérerons la guerre déclenchée seulement par goût de la conquête comme une chose inhumaine et contraire à la loi morale, plus nous tiendrons au contraire la guerre subie, la guerre défensive pour la seule pardonnable – et plus, dans tous les pays, les enseignants et les manuels se sentiront obligés de présenter chaque guerre historique comme une provocation de l'adversaire et leur propre nation comme la victime d'une agression. Toutes les histoires nationales, dans tous les pays, doivent nécessairement mettre la faute sur le compte de la nation voisine afin de susciter l'enthousiasme sincère de la jeunesse.

C'est en réalité inévitable et quand on demande aujourd'hui, à la tribune des congrès, de retirer des manuels scolaires au moins les attaques ou les accusations grossières, on ne parvient pas jusqu'au cœur du problème. Car la jeunesse ardente ne peut comprendre et apprécier à sa juste valeur l'héroïsme de ses pères et de ses ancêtres que lorsqu'elle voit leur combat comme un combat livré au nom du bien et de l'honnêteté. Voilà pourquoi aucune histoire politique, dans aucun pays, ne pourra jamais être objective ni parvenir à l'objectivité parfaite. Abandonnons l'espoir de changer ce fait et mettons plutôt nos forces au service de buts que nous pourrons réellement atteindre.

Le changement véritable que je tiendrais pour fécond en vue de désintoxiquer la sphère morale de la jeunesse devrait être beaucoup plus fondamental et profond ; il devrait consister en un remaniement du programme d'enseignement dans tous les États et les pays, afin de passer de l'histoire politique et militaire à l'histoire culturelle. On a trop longtemps abusé d'une représentation de l'histoire réduisant celle-ci à une suite de guerres, comme si les hauts faits militaires étaient la seule réalisation héroïque de chaque pays et son idée la plus exigeante de l'humanité telle qu'elle existe intellectuellement depuis deux ou trois millénaires. D'un point de vue supranational et universel, cet aspect de l'histoire en tant qu'histoire de la guerre aboutit à un non-sens complet. Des peuples, des armées battent d'autres peuples, d'autres armées, des commandants en chef l'emportent sur d'autres, des villes sont détruites, des pays s'agrandissent, puis redeviennent petits, des empires enflent ou rétrécissent, les uns après les autres, et c'est une succession interminable sans ligne ascendante, sans vision d'ensemble.

Mais à côté de cette histoire-là, il en existe par bonheur une autre, celle de l'humanité, celle de l'édification de la culture, des grandes inventions, des découvertes, des progrès moraux, scientifiques et techniques. Tandis que la simple histoire des guerres dans leur intégralité n'aboutit qu'à une succession ininterrompue de hauts et de bas, l'histoire de la culture décrit une ascension irrésistible qui conduit vers des hauteurs toujours plus élevées. Alors que l'histoire des guerres met en lumière ce dont les différents pays se rendent coupables les uns envers les autres, comment la France met l'Allemagne au pillage et comment l'Allemagne porte dommage à la France, et la Grèce à la Perse, excitant inévitablement la haine et la rancune des générations suivantes, l'autre histoire, celle de la culture, montre ce qu'une nation doit à l'autre et dresse le registre grandiose de tous les acquis et de toutes les découvertes.

Dans l'histoire des guerres, les peuples ne sont présentés que comme des ennemis, mais dans l'histoire de la culture, ils apparaissent comme des frères : celle-ci leur permet de comprendre comment un pays a fécondé l'autre, comment les découvertes ont été complétées par d'autres, comment, pour ainsi dire, des courants de volonté créatrice circulent d'un peuple à l'autre et comment chaque réalisation contribue au bien commun, à l'opposé des hauts faits militaires. L'histoire conçue comme histoire de la guerre qui, aujourd'hui encore, est pratiquement la seule enseignée, montre comment l'Europe s'est détruite elle-même sans relâche, tandis que l'histoire de la culture, qui, hélas ! n'est pas assez présente actuellement dans le système scolaire, montre comment les peuples d'Europe, grâce aux réalisations de Rome, de la Grèce, de la France, de l'Allemagne, de l'Italie, de l'Angleterre, de l'Espagne, de la Hollande, de la Scandinavie, ont bâti un édifice intellectuel toujours plus vaste et plus splendide.

L'histoire des guerres entraîne la jeunesse à admirer la violence, l'histoire de la culture lui enseigne le respect de l'esprit, l'une lui fait ressentir la guerre, l'autre, la paix, comme la plus haute réalisation humaine. Si nous contemplons les événements du monde dans la perspective de l'histoire de la culture, nous encourageons spontanément l'esprit de communauté et un sentiment d'optimisme, car cette histoire-là montre un essor sans fin et fait entendre une harmonie résonant dans des sphères toujours plus hautes.

Si donc nous voulons remplacer l'esprit de défiance par celui de confiance nous devons, dans l'éducation de la jeunesse, mettre l'histoire culturelle au moins sur un pied d'égalité avec l'histoire militaire et politique. Notre génération a encore appris à l'école, sur Xerxès et Darius, sur Cambyse, sur des rois barbares qui nous laissent totalement indifférents, plus que sur Léonard de Vinci, Volta, Franklin,

Montgolfier et Gutenberg. Nous devions connaître par cœur la moindre des batailles, mais on ne trouvait dans nos manuels pas une ligne sur les constructeurs des premiers chemins de fer ou sur les inventeurs de la nouvelle chimie. Nous étions volontairement tenus dans l'ignorance des réalisations culturelles des peuples qui sont nos voisins, mais nous savions dans quelles batailles et sous le commandement de quels généraux nous les avions affrontés comme des ennemis.

C'est là qu'un changement me semble nécessaire et je crois que la nouvelle jeunesse y serait intérieurement disposée, et même de tout son cœur. Car instinctivement, depuis ses premiers pas, par ce qu'elle voit dans la rue et ce qu'elle lit dans le journal, elle connaît les prodiges de la technique et tout la prédispose à les admirer. La description des expéditions d'explorateurs téméraires, la traversée des océans, les voyages au pôle nord, les actes individuels d'héroïsme moral soulèvent en elle tout autant d'enthousiasme que les récits de batailles sanglantes. Et plus l'excellence technique non seulement fait la gloire de la nation, mais assure aussi sa sécurité, plus il semble précieux d'éduquer à temps une génération capable d'éprouver autant d'admiration face à l'inventeur dans son laboratoire et au génial organisateur dans son cabinet de travail, face à Edison, Marconi, Einstein – une génération qui considère l'artiste et l'intellectuel comme les nouveaux modèles à suivre avec toute l'énergie de son âme, justement parce qu'ils apportent à sa nation l'amour et le respect du monde entier et accroissent le prestige de sa langue et ses réalisations intellectuelles. Si l'histoire de la culture prenait dans l'éducation la place centrale, au lieu de l'histoire politique, les nations auraient plus de respect les unes pour les autres et moins de méfiance les unes envers les autres, et la génération montante ferait preuve de plus d'amour pour les choses de l'esprit et de moins d'inclination à la violence. Et surtout l'optimisme si nécessaire se consoliderait et nous ne douterions pas, à quelque nation que nous appartenions, de pouvoir en fin de compte, grâce aux réalisations communes des Européens, maîtriser toutes les difficultés politiques, économiques et sociales et sauvegarder la supériorité que nous avons su affirmer face à l'histoire, depuis deux mille ans, sur notre «petite péninsule de l'Asie[1] », comme l'appelle Nietzsche.

Mais il ne suffit pas d'étudier l'histoire culturelle comme un passé historique. La deuxième exigence préalable à une réelle pacification de l'Europe serait de permettre à la jeunesse de faire aussi l'expérience vécue de l'histoire culturelle. Car les livres et les écoles ne sont qu'une partie de l'éducation morale d'un individu : l'es-

1. Friedrich Nietzsche, *Par-delà le bien et le mal*, I, § 52 (NdT).

sentiel s'apprend toujours par ce que perçoivent les yeux attentifs et le sentiment vivant. Autant que le déroulement des faits historiques, l'Européen de l'avenir devra aussi apprendre à connaître les réalisations actuelles des autres peuples, se familiariser avec ce qu'ils ont de positif et de créateur, en les observant lui-même directement. C'est ce que permettent aujourd'hui les voyages, jusqu'à un certain point, mais seulement de manière insuffisante, d'abord parce qu'un voyage de vacances ne donne qu'un aperçu rapide, le plus souvent déformé, ensuite parce que c'est seulement à l'âge mûr et non à l'époque décisive de leur jeunesse qu'il est donné de voyager à la plupart des gens.

Il serait pourtant important et souhaitable d'agir tout particulièrement pour que la jeunesse, justement, fasse connaissance avec les pays voisins, car ce n'est que dans ces années initiales que l'âme est entièrement ouverte, prête à apprendre et disposée à porter un regard approbateur, tandis que les personnes de trente ou quarante ans sont déjà plus ou moins figées dans une forme de vie dont la construction est achevée et, le plus souvent, ont une tournure d'esprit critique et sceptique : trop rigides pour pouvoir changer, elles ont connu trop de déceptions pour pouvoir s'enthousiasmer. La question la plus importante serait donc de savoir comment mettre la jeunesse en contact avec la jeunesse, non pour des relations superficielles, mais pour les rencontres vraiment créatrices que permettent le travail en commun et la véritable camaraderie.

Pour une part, ce travail en commun pourrait avoir lieu dans les universités. Voilà un point sur lequel je voudrais insister. Il me semble depuis longtemps que des conventions internationales entre États et universités seraient nécessaires qui permettraient aux étudiants d'obtenir la reconnaissance d'un semestre ou d'une année d'études dans une université étrangère.

Aujourd'hui, entre la plupart des pays, cette possibilité n'existe pas encore, puisqu'un Allemand qui voudrait faire ses études dans une université italienne pendant un semestre ou une année entière devrait considérer comme perdue cette année humainement et moralement si enrichissante, puisque, dans son pays d'origine, elle ne serait pas reconnue comme équivalente à une année d'études. Par une telle réglementation, on barre la route à d'innombrables jeunes gens, précisément aux meilleurs et aux plus avides d'apprendre, à ceux qui voudraient confronter les méthodes d'apprentissage en usage dans leur propre pays aux méthodes pratiquées à l'étranger, apprendre à fond une langue étrangère et entrer en contact avec d'autres représentants de leur génération, avec une autre méthode. Et cette occasion manquée n'est presque jamais rattrapable, car à l'issue d'un parcours d'études, pour la plupart, à vrai dire pour la grande majorité des jeunes gens, s'impose rapidement la nécessité de gagner sa vie ; seul un petit nombre d'entre eux peuvent ajouter à leurs études un an de séjour à l'étranger et c'est ainsi que les arts et les sciences évoluent en fin de compte dans les cadres nationaux sans s'interpénétrer de manière créatrice et utile dans l'esprit d'une génération nouvelle.

Mais il ne faudrait pas limiter ces échanges aux universités et, au contraire, mettre à profit les vacances des lycéens pour élargir, grâce à des bourses ou à des échanges, la connaissance et la vision du monde de ces jeunes gens avides d'apprendre. J'imagine qu'on pourrait avec profit, dans tous les établissements d'enseignement secondaire d'Italie, d'Allemagne, de France, d'Espagne, destiner régulièrement un élève particulièrement doué et tenté par l'expérience à passer ses vacances à l'étranger, si les États s'entendaient entre eux pour accorder aux candidats retenus la gratuité du voyage en train à l'aller et au retour et si un échange était convenu entre les familles, afin que les élèves de milieu pauvre ou modeste bénéficient, eux aussi, de cet avantage.

On éduquerait ainsi, dans tous les pays en même temps, sous le signe de l'amitié, une génération vigilante, une élite connaissant les langues et les mœurs étrangères, ayant vu les pays étrangers de ses propres yeux, une sorte d'état-major de l'armée intellectuelle dont la mission commune serait de conquérir l'avenir. Dans l'appareil vasculaire de la pensée et des études, le sang commencerait à circuler plus vigoureusement. Et chaque pays tirerait profit de la présence, dans ses administrations publiques, dans son commerce, dans ses universités, de cette fine fleur de la jeunesse ayant noué avec les pays étrangers, dès ses années d'études, des liens intimes et naturels de camaraderie et d'éducation. À partir de cette élite, de ce groupe lié par l'amitié, se diffuserait immédiatement dans chaque pays la connaissance de l'autre. Ils seraient les agents tout désignés de la médiation, les propagateurs de l'esprit d'entente et donc les adversaires de cette sourde méfiance entre les nations dont nous avons le sentiment qu'elle est encore plus fatale que toutes les brèves éruptions d'hostilité belliqueuse.

Une telle communauté une fois créée, celle d'une nouvelle génération éduquée dès son jeune âge, sans haine, dans le respect des réalisations européennes communes, on disposera dans tous les pays d'un large milieu de personnes ayant un point de vue à la fois national et européen. Alors on pourrait songer à instituer des organisations au plus haut niveau, par exemple une académie européenne, une université européenne, dont les sessions se dérouleraient tantôt dans telle capitale, tantôt dans telle autre, une académie englobant les différentes institutions académiques des différents pays, une instance suprême qui encouragerait tous les rapprochements pacifiques et amicaux et qui empêcherait tous les malentendus.

On a déjà tenté de réaliser des projets comparables au sein de la Société des Nations. Mais en raison d'un appareil trop lourd, d'une domination excessive de la diplomatie, d'un trop-plein professoral au détriment de la jeunesse, la SDN n'a pas été à la hauteur de cette mission vitale et l'atmosphère de défiance, loin de se dissiper, s'est plutôt alourdie. Pour la SDN, la politique compte plus que la culture et comme la politique soulève toujours des difficultés et se fonde sur les tensions, tous nos efforts en vue d'une guérison de l'Europe doivent consister à situer de plus en plus le rapprochement des mentalités sur le terrain des réalisations culturelles. C'est là que nous sommes réellement unis, c'est là que nous avons le plus de raisons d'espérer conduire toutes les nations, toutes les races et les classes, à une entente apolitique et suprapolitique.

Aussi me semble-t-il important de réaliser l'union culturelle de l'Europe avant son union politique, militaire et financière qui se heurte aujourd'hui encore à des tendances farouchement opposées.

Un organe de presse commun aux Européens, une revue ou mieux encore un journal quotidien, contribuerait éminemment à une telle entente : publié dans toutes les langues d'Europe avec le même contenu, il aurait pour raison d'être de s'interdire tout propos susceptible d'accroître les malentendus et de signaler toutes les possibilités de renforcer les liens et la compréhension mutuelle. Ce serait en somme une publication, journal ou revue, positive, optimiste, roborative, qui montrerait à la jeune génération, dans tous les pays, la mission et l'œuvre cachées et secrètes qui se proposent à elle, afin qu'elle y travaille et qu'elle leur apporte son concours à chaque fois qu'elles stimulent les réalisations intellectuelles de leur pays et de leur nation. C'est d'abord dans cette sphère culturelle que nous pouvons agir en convertissant la rivalité des nations, au lieu de l'éteindre entièrement, en émulation coopérative, en tirant parti des énergies nationales pour les mettre en compétition dans la course vers le but commun, et en communiquant ainsi à la jeunesse montante une plus grande confiance dans le monde et une foi en l'avenir plus enthousiaste que celle que la génération marquée par la guerre a tant peiné à retrouver.

Si donc la désintoxication morale de l'Europe s'annonce une cure à très long terme, qu'il faudra entamer avec beaucoup de précaution et de sollicitude, en vue d'une guérison définitive que nous ne verrons sans doute pas nous-mêmes aboutir, cet effort ne sera sans doute pas accompli pour nous, pour notre génération éprouvée et marquée par les difficultés du temps présent, mais pour la génération suivante, pour la jeunesse nouvelle qui arrive et qui considérera l'Europe, à côté de sa propre patrie, comme le pays natal commun selon son cœur. Ce qui ne veut pas dire que nous ayons le droit de rester inactifs et de confier à nos descendants toute cette tâche au service des Lumières et de l'éducation. Au sein même de notre génération il y a aussi beaucoup de choses importantes à faire, à commencer par celle qui consiste à éviter que de nouveaux germes de fièvre et de haine, de nouveaux processus inflammatoires du psychisme mettent en danger le lent démarrage de cette action. Au moment même où nous voulons d'abord rendre inoffensifs, puis éliminer les résidus de haine qui, depuis la guerre, infectent encore le sang de nos peuples, nous devons aussi éviter que ces résidus s'accroissent à nouveau sous l'effet de la politique.

Sur ce point, une autre mission très importante nous attend dans l'immédiat. L'expérience prouve que la haine entre les nations, les races et les classes, entre les groupes humains, apparaît rarement de l'intérieur, mais le plus souvent par infection ou par excitation, et que le moyen le plus dangereux de l'attiser est la contre-vérité rendue publique et propagée par les imprimés. Nous constatons aujourd'hui encore le fait attristant que seul l'honneur des individus, des entreprises, des groupes et des sociétés est protégé par la loi contre la diffamation et la contre-vérité : lorsque ces dernières concernent un particulier, une entreprise, une personne morale, elles peuvent être aussitôt démenties et invalidées par un rectificatif et par une plainte conduisant à une sanction – tandis que, curieusement, rien ne protège l'honneur de nations entières. Lorsque dans un pays une nouvelle fausse de toute évidence, volontairement mensongère ou diffamatoire, est publiée dans les journaux au sujet d'autres nations, ou que des sous-entendus grossiers et offensants à l'endroit d'un autre peuple sont imprimés, il n'existe actuellement toujours pas de possibilité légale de contraindre ces journaux et ces revues à se rétracter. L'honneur de nations entières, de peuples entiers reste ainsi sans défense face aux autres nations, tandis qu'on a les moyens de sauvegarder l'honneur des individus.

Voilà pourquoi on devrait enfin créer une instance internationale et supranationale ayant le pouvoir et le devoir de démentir toute fausse nouvelle ou accusation publiée dans un pays au sujet d'un autre pays et les journaux ou revues de tous les pays devraient s'engager ou être contraints par l'État à publier ces rectificatifs. Si nous disposions d'une telle instance, nous obtiendrions une convention unifiée, en vigueur dans tous les pays d'Europe, mettant en place l'office chargé de couper court énergiquement à tous les mensonges avant qu'ils se diffusent dans le monde, et il y aurait ainsi dans tous les États européens infiniment moins de poussées de colère et de défiance envers les États voisins. On cesserait d'alimenter le funeste besoin de haïr qui couve toujours à l'état latent dans notre génération et l'atmosphère s'en trouverait considérablement purifiée.

Pour barrer la route à un malentendu, je soulignerai d'emblée qu'il ne pourrait s'agir d'une restriction des polémiques politiques et de la discussion intellectuelle entre les pays, ou de la liberté d'expression des opinions au sein de chaque nation. Il faudrait seulement exiger que ces polémiques politiques, qui donnent de l'énergie au débat, se situent à un niveau suffisamment élevé et ne prennent jamais appui sur de fausses nouvelles de propagande. Car je crois que la politique nationale, en Europe, doit pouvoir se passer de l'injure et plus encore de la diffamation.

Une telle instance supranationale, qui aurait le droit de rectifier tous les mensonges politiques proférés dans les pays d'Europe, serait, j'en ai le sentiment, facile à créer : il suffirait de six ou douze hommes renommés et prestigieux vers lesquels pourraient se tourner dans chaque cas les personnes ou les nations victimes d'offense ou de diffamation et dont la décision à la majorité ou à l'unanimité pourrait imposer sans délai un rectificatif faisant autorité. Une telle instance ne nuirait à aucune nation européenne et serait favorable à toutes ; dans le même temps, bien loin de restreindre l'influence des journaux, elle renforcerait la confiance des lecteurs en leur moralité, puisque chacun, dans tous les pays, saurait qu'il peut tenir pour véridiques et authentiques toutes les nouvelles concernant les pays voisins et que tout mensonge sera démasqué sans ménagement. Si le mensonge imprimé, qui est le plus dangereux car le plus largement diffusé, était combattu dans cet esprit par tous les peuples, la haine trouverait moins d'aliment et la confiance serait renforcée. Toute la corporation des gens de plume, les journaux et les revues, se verraient assigner une moralité supérieure et par conséquent une mission de paix des plus nécessaires.

Tout cela, il est vrai, ne permettrait de venir à bout que de la partie négative de notre tâche morale, l'élimination du mensonge. Quant à nous personnellement, qui nous donnons pour but moral suprême d'atteindre à l'idéal d'une harmonie supérieure des nations allant de pair avec la préservation de leurs particularités, nous aurions de surcroît le devoir de donner un exemple à la jeune génération en œuvrant inlassablement sous le signe de la probité. Que nous nous abstenions de toute parole susceptible de renforcer la défiance entre les nations, que nous nous refusions à déshonorer notre plume par toute phrase qui pourrait rabaisser l'honneur et la réputation, ou même seulement blesser la vanité d'une nation voisine, voilà qui va de soi, c'est notre intime conviction. Mais nous avons de surcroît l'obligation positive de saisir toute occasion de faire, dans notre propre pays et à la face du monde, l'éloge des réalisations de nos pays frères, de convaincre la jeunesse que notre génération, celle précisément qui a connu la terrible haine répandue dans le monde, a appris à haïr cette haine parce qu'elle est stérile au regard de l'édification de la culture et parce qu'elle amoindrit la force créatrice de l'humanité.

Nous devons, nous les écrivains, les artistes, les musiciens, nous les intellectuels, donner un exemple à la jeunesse, montrer que toute réalisation intellectuelle, dans chaque pays, revêt aussi le sens d'une camaraderie avec ceux qui partagent nos convictions et nos aspirations dans tous les pays et dans toutes les nations – et que le sentiment d'admiration que nous inspire une réalisation, à chaque fois, ne saurait s'arrêter aux frontières politiques ou linguistiques comme devant des portes closes. Nous devons montrer, nous les plus âgés, que l'admiration n'use pas nos forces, mais les accroît au contraire et que seul celui qui sait rallumer toujours l'enthousiasme en lui-même reçoit à chaque fois le cadeau d'une nouvelle jeunesse.

Plus nous nous unissons à l'esprit, plus nous savons contempler et aimer de vastes espaces de la vie, et même s'il ne nous est plus jamais donné d'apercevoir à nouveau le ciel clair et sans nuage de la concorde au-dessus de l'Europe, nous voulons mettre toutes nos forces au service de cet idéal et lui consacrer toute notre passion, afin que la prochaine génération, dans toutes les nations, puisse faire l'expérience d'une Europe purifiée de toute haine et de toute défiance, et trouver dans cette sphère une seconde patrie, à côté et au-dessus de sa propre patrie. Puisse-t-elle alors sourire des accès de folie auxquels nous avons succombé pendant des années, de nos erreurs et de notre défiance ! Mais puisse-t-elle aussi ne pas avoir à nous reprocher d'avoir renoncé à faire de notre mieux pour revenir à la probité et pour écouter à nouveau la voix éternellement créatrice de la raison.

L'unification de l'Europe

(1934)

Pour nous qui nous sommes réunis ici autour d'une idée, j'ai le sentiment qu'il n'est plus nécessaire de discuter de la nécessité et de la logique impérieuse de notre conception ; ce serait une perte de temps. Tous les dirigeants, les scientifiques, les artistes et les lettrés sont depuis longtemps convenus que seul un rattachement étroit de tous les États à un ensemble supérieur pourra atténuer les difficultés économiques, réduire les risques de guerre et dissiper les inquiétudes suscitées par la menace de conflit, qui sont elles-mêmes une des causes de la crise économique. La tâche qui nous incombe consiste à faire passer nos idées de la sphère des discussions stériles à celle de l'action créatrice.

Pour cela, il faut que nous prenions conscience avant tout des difficultés exceptionnelles qui font obstacle à la réalisation de cette idée, car celle-ci n'appartient pour l'instant, comme à l'époque de l'humanisme, qu'à une mince couche supérieure, elle n'a pas pris racine dans l'humus des peuples et nous nous rendrions coupables d'un mensonge si nous cherchions à nous persuader que nous nous sommes déjà rapprochés de notre but. Reconnaissons donc en premier lieu la suprématie, inscrite dans les faits du temps présent, de l'idée opposée, le nationalisme. L'idée européenne n'est pas un sentiment premier, comme le sentiment patriotique, comme celui de l'appartenance à un peuple, elle n'est pas originelle et instinctive, mais elle naît de la réflexion, elle n'est pas le produit d'une passion spontanée, mais le fruit lentement mûri d'une pensée élevée. Il lui manque d'abord entièrement l'instinct enthousiaste qui anime le sentiment patriotique. L'égoïsme sacré du nationalisme restera toujours plus accessible à la moyenne des individus que l'altruisme sacré du sentiment européen, parce qu'il est toujours plus aisé de reconnaître ce qui vous appartient que de comprendre votre voisin avec respect et désintéressement.

À cela s'ajoute le fait que le sentiment national est organisé depuis des siècles et bénéficie du soutien des plus puissants auxiliaires. Le nationalisme peut compter sur l'enseignement, l'armée, l'uniforme, les journaux, les hymnes et les insignes, la radio, la langue, il bénéficie de la protection de l'État et fait vibrer les masses, alors que nous n'avons jusqu'ici, au service de notre idée, rien d'autre que la parole et l'écrit dont l'effet reste insuffisant face à ces moyens rodés depuis des centaines d'années. Avec des livres et des brochures, avec des congrès et des débats, nous ne touchons jamais qu'une part infime de l'ensemble des Européens, et précisément ceux qui sont déjà convaincus, de telle sorte qu'en réalité, nos efforts restent vains quand ils ne se servent pas également des nouveaux moyens techniques et visuels de diffusion militante des idées.

Prenons l'exemple de nos débats d'aujourd'hui : demain, peut-être, dans un journal, au milieu de centaines d'autres nouvelles, un court extrait de notre discussion sera publié, sur lesquels des millions d'yeux glisseront en un instant avec indifférence, et demain, quand nous voudrons vérifier l'effet produit en interrogeant le chauffeur qui nous ramène chez nous ou le marchand de tabac chez qui nous achetons nos cigarettes, nous nous apercevrons que, même dans la ville où s'est tenu le congrès, la masse anonyme, en réalité, n'a pas du tout pris note de nos efforts. Nous nous rendrons compte que ce que nous prenons un peu trop vite pour des actions est resté une fois encore un simple geste, un de ces gestes louables mais inutiles auxquels les élites, depuis des décennies, depuis des siècles, s'essaient sans relâche.

Si notre idée doit avoir des effets réels, nous devons donc la faire sortir de la sphère ésotérique des discussions intellectuelles et consacrer toute notre énergie à la rendre visible et convaincante pour un cercle élargi. À cette fin, la parole, restons-en conscients, ne suffira pas, et nous devrons y ajouter toutes les forces de diffusion militante aujourd'hui existantes afin de donner de la visibilité à nos idées pour les masses.

Reconnaissons et admirons la façon remarquable dont le nationalisme, alors qu'il dispose déjà de tous les leviers de l'État, maîtrise l'art de se mettre en scène.

Rappelons le discours de Mussolini devant deux cent mille personnes, ce premier mai sur le champ de Tempelhof qui rassembla plus d'un million de gens[1], les défilés sur la place rouge, à Moscou, où deux millions de travailleurs et de soldats ont marché en un cortège ininterrompu pendant des heures et apprenons de ces exemples que la masse éprouve le mieux son bonheur d'être ensemble quand elle se sent visible et manifeste en tant que masse. Dans tous ces effets de masse agit une force hypnotique, tandis que montent l'ivresse et l'exaltation dont aucune croyance véritable ne peut se passer, mais que jamais la simple lecture d'une brochure ou d'un journal ne pourra répandre dans la profondeur des nations.

Si nous n'arrivons pas à susciter un tel

1. Le 1er mai 1933 fut organisé sur le Champ de Tempelhof, au sud de Berlin, un rassemblement couronné par une harangue de Hitler et destiné à remplacer la traditionnelle manifestation du mouvement ouvrier par l'exaltation de l'unité nationale, à l'opposé de la lutte des classes (NdT).

enthousiasme pour notre idée[A], par le bas, au fond du cœur et du sang des peuples, toutes nos formules resteront vaines, car jamais dans l'histoire le changement n'est venu de la seule sphère intellectuelle et de la simple réflexion. Nous devons donc avant tout donner de la visibilité et de la passion à notre idée, la faire passer de l'état d'idéologie à celui d'une organisation capable de militer pour sa diffusion et lui imprimer un caractère ostensible et non seulement logique. C'est dans ce sens pratique et organisationnel que toutes nos pensées et nos propositions doivent se concentrer et chacun de nous devrait avoir pour perspective les possibilités pratiques et psychologiques.

Permettez-moi d'essayer de vous soumettre au moins une suggestion qui irait dans ce sens et permettrait de rendre visible notre idée.

La tragédie de l'idée européenne est qu'elle n'a pas de centre stable sur lequel se fonder. Notre Europe manque d'une capitale, car Genève, qui aurait dû jouer ce rôle, n'est pas devenue une capitale[B] comme Washington, mais est restée un lieu de congrès où se rassemblent les émissaires de tous les États et de toutes les catégories, non le peuple, mais les diplomates – qui forment eux aussi une couche supérieure extrêmement mince. Ce qui s'y déroule et s'y décide n'a jamais jusqu'à présent touché le sentiment des masses ni pris un véritable élan. Genève n'est jamais devenue populaire et le travailleur slovaque ou le marin norvégien lui associent, dans la mesure où ils en connaissent ne serait-ce que le nom, la Société des Nations, une institution qui ne touche en rien leurs sentiments et leurs passions, et dont les débats politiques et économiques se dérobent à leur vue et à leur sensibilité.

Tant que l'idée européenne, je le répète, n'aura pas pris une forme fondamentalement visible, sensible et capable de susciter l'enthousiasme, tant qu'elle sera pas devenue une sorte de patriotisme et de supranationalisme[C] pour les individus, elle sera condamnée à la stérilité et ne parviendra pas à se transformer en réalité. Nous devons avant tout lui trouver le centre visible [qui lui fait encore défaut, rassembler de manière visible, au sein d'une organisation, les nombreuses énergies qui, à l'heure actuelle, agissent inconsciemment dans le sens de l'unité européenne. Nous devons enfin, au lieu de ces formes d'un humanisme abstrait que sont les paroles et les brochures, inventer une politique européenne ostensible et persuasive. Toutes nos propositions doivent prendre cette direction, s'orienter vers la pratique, rester sur le terrain du sensible et du visible.][1]

1. Le passage entre crochets est rayé dans le manuscrit ; il ne figure pas non plus dans la traduction française conservée sous la forme d'un manuscrit dactylographié dans le Fonds Zweig de la State University of New York à Fredonia, cf. la notice *infra* (NdT).

Permettez-moi de vous soumettre une proposition allant dans ce sens : je serais heureux que vous la jugiez pertinente, mais je me réjouirais plus encore si elle pouvait être surpassée ou du moins étayée par une proposition meilleure et plus efficace. Je viens de souligner que des liens européens supranationaux[D] existent déjà sous des formes diverses. Chaque année voit se dérouler des manifestations sportives réunissant toutes les nations et des congrès internationaux par centaines, congrès de médecins, de théologiens, de travailleurs, d'écrivains, de directeurs de banque, de sociologues, de physiciens, de techniciens, d'employés des postes, d'éleveurs de volaille, de philosophes, de marchands de vin – j'énumère volontairement ces professions sur un mode un peu burlesque, ne retenant qu'une petite série dans un catalogue interminable, car il n'y a *de facto* pas un milieu, pas un groupe qui, dans notre monde fait de diversité, ne se retrouve pas chaque année pour un congrès. Chaque fois, au cours de ces rencontres, se nouent des contacts vivants animés par un sentiment européen, chaque fois un petit cercle prend conscience de la nécessité d'une entente supranationale. Mais ce n'est jamais qu'un bourgeon isolé qui s'épanouit et qui se fane sans que personne le remarque dans le fourmillement gigantesque.

À l'occasion de tous ces congrès, l'effet de visibilité, cet élément visuel que je tiens pour si nécessaire, ne se manifeste que l'espace d'une journée, voire d'une heure, notre réunion d'aujourd'hui, elle aussi, retombera fatalement dans cette sphère de l'éphémère. Mais si une organisation – c'est là ce que je propose – pouvait obtenir que tous les congrès internationaux soient regroupés dans le temps et dans l'espace de telle manière qu'ils se déroulent toujours, pendant l'année en cours, dans une ville et durant un mois, alors cette ville, pendant un mois, pourrait acquérir la visibilité d'une capitale de l'Europe. Du fait que tous les travailleurs, les juristes, les savants, les dentistes, les employés, les paysans, en somme tous les habitants de la ville, pourraient, pendant ce mois, chacun dans la catégorie dont il partage les aspirations, se sentir reliés aux pays étrangers, cette ville serait véritablement imprégnée de notre idée européenne, de même que la région et peut-être même tout le pays environnants, et des mois, des années après, elle se souviendrait encore de ce grand moment vécu en commun.

La même force qui habituellement se perd à force d'être éparpillée et morcelée se concentrerait ainsi en une seule grande action démonstrative, ce qui aurait de l'importance, car les hommes conservent rarement la mémoire d'un grand événement de leur pays s'il ne revêt pas un caractère solennel. Supposons donc que tous les congrès d'une année soient un jour prévus à Helsinki[F], à Prague ou à Lyon, ou à Hambourg, ou à Glasgow (je fais exprès d'exclure les métropoles de millions d'habitants comme Londres, Paris, Berlin, parce qu'elles sont trop grandes pour que même la plus importante foule d'étrangers venue pour tel ou tel congrès puisse y rester visible), cette ville, un mois durant, serait pavoisée des drapeaux de toutes les nations, elle s'animerait et retentirait de toute la diversité des langues européennes, des cérémonies y seraient organisées, et pour des décennies la ville et avec elle tout le pays resteraient marqués par le souvenir du rôle de capitale de l'Europe qui lui serait revenu au vu et au su du monde entier.

Ne redoutons pas que ces festivités puissent prendre une tournure quelque peu théâtrale, mais gardons au contraire à l'esprit que rien n'est aussi nécessaire à notre idée que ce qu'on appelle en Allemagne l'habillage, en France la mise en scène[1] et affranchissons-nous sur ce point de tout scrupule timoré. Depuis l'Antiquité toute forme de politique[F] a régulièrement cherché à acquérir de la visibilité et une politique européenne doit être servie par toute la force et la ruse de la technique européenne, par la radio et les haut-parleurs, par des festivités sportives et des événements spectaculaires, par le déploiement de grandes masses pleines de vie, car seule une masse visible fait impression sur la masse et un mouvement puissant dans un espace réel stimule le mouvement intellectuel. Si nous voyageons ainsi de ville en ville, nous pouvons espérer qu'à tous les endroits où toutes les classes et les milieux auront été rassemblés à la manière d'un parlement européen, ces liens resteront une idée vivante et féconde, que l'organisation que nous aurons fondée dans ces lieux ne regroupera pas seulement un

1. En français dans l'original allemand (NdT).

cercle éphémère, mais sera nourrie et renforcée dans toutes ces classes et dans tous ces milieux. C'est ainsi que nous pouvons espérer que peu à peu nos idées bénéficient d'une certaine popularisation. Chaque ville et chaque pays voudra emboîter le pas aux autres et cette compétition qui s'est trop souvent traduite en hostilité, nous devrons la convertir en émulation au service de l'esprit de communauté et d'hospitalité.

Bien sûr, il faudra des années pour que nos pérégrinations atteignent et pénètrent toute l'Europe, mais ces détours de ville en ville me semblent en tout cas plus fructueux que la simple action par la parole et par l'écrit, car celle-ci – ayons l'honnêteté d'en convenir – n'atteint jamais qu'un cercle supérieur sans pouvoir, tandis que les grandes masses avec lesquelles nous devons compter et, surtout, au-devant desquelles il nous faut aller, ne peuvent être touchées que par ce qui est à portée de leurs sens, par l'image qu'elles perçoivent et non par les paroles ; elles ne pourront être entraînées que par une organisation énergique et capable de les empoigner[G].

Le sentiment national des Français, des Allemands, des Italiens et de tous les peuples, s'est forgé peu à peu grâce à l'alliage de multiples sentiments d'appartenance au terroir natal. Si plusieurs siècles furent nécessaires pour en arriver là, nous devrons sans doute prévoir des décennies pour l'aboutissement de notre idée[H]. Il importe avant tout de commencer et nos efforts [...][1].

L'avantage serait de surcroît de montrer publiquement en toute clarté quels pays d'Europe sont aujourd'hui déjà mûrs pour l'idée européenne et quels autres l'envisagent avec méfiance ou même la

1. La suite de cette phrase manque dans le manuscrit (note de K. Renoldner, qui a établi le texte original). Le texte de la traduction conservée dans le Fonds Zweig de la State University of New York à Fredonia se limite à « L'important est – avant tout – de nous mettre à l'œuvre ».

récusent. Mais je nourris l'espoir que tous seraient volontiers disposés à accueillir sans réticence un tel congrès universel et même qu'une certaine rivalité, au contraire, entraînerait les différentes nations et les villes à vouloir chaque année devenir la ville des congrès et la capitale de l'Europe.

Ce ne serait, je le sais parfaitement, qu'un début. Mais ce serait en tout cas une façon de rendre notre idée visible et ostensible, qui n'exclurait pas d'autres formes d'action plus efficaces et qui, dans la mesure où elle resterait tout à fait apolitique et n'impliquerait aucun engagement[1], serait réalisable, comme je l'espère. Le plan que je propose ne sera pas forcément celui par lequel nous commencerons, mais il faut que commencions de quelque manière.

Ne perdons pas de temps, car le temps ne travaille pas pour nous, ne nous fions pas au bon sens qui n'est pas, en ce temps de contradictions, la chose la mieux partagée, et abandonnons la croyance purement humaniste selon laquelle on pourrait avec des paroles, des écrits et des congrès, obtenir un résultat dans un monde saturé d'armements et de défiance mutuelle. Gardons à l'esprit la formule de Faust qui rejetait fermement l'interprétation conduisant à dire : « Au commencement était le Verbe » – et la remplaçait par ces mots plus véridiques : « Au commencement était l'action[1]. »

1. *Faust*, Cabinet d'étude I, v. 1237, p. 235 dans Goethe, *Faust*, Paris, Bartillat, 2009, deuxième édition (coll. Omnia), 2012 (NdT).

Notice

La désintoxication morale de l'Europe

«Die moralische Entgiftung Europas», in Stefan Zweig, *Zeiten und Schicksale. Aufsätze und Vorträge aus den Jahren 1902-1942*, éd. par Knut Beck, Francfort/Main, S. Fischer, 1990 (*Gesammelte Werke in Einzelbänden*), p. 40-56.

Première publication d'un extrait, sous le titre «Der geistige Aufbau der neuen Generation. Aus dem Vortrag "Die moralische Entgiftung Europas"», dans le quotidien viennois *Neue Freie Presse*, le dimanche

20 novembre 1932, p. 3. Première publication intégrale dans le recueil d'essais de Stefan Zweig, *Begegnungen mit Menschen, Büchern, Städten,* Vienne-Leipzig-Zurich : Herbert Reichner, 1937 (réédition Francfort/Main, S. Fischer, 1955).

L'unification de l'Europe

« Einigung Europas. Eine Rede », manuscrit inachevé écrit vers 1934, publié en 2013 par Klemens Renoldner (*Einigung Europas. Eine Rede,* aus dem Nachlass herausgegeben von Klemens Renoldner, Salzbourg, Tartin Editionen Untendurch, 2013, 44 p. ; postface de K. Renoldner (p. 26-41), avec la notice de K. Renoldner (p. 23-25) dont voici la traduction :

<début de la notice de K. Renoldner>

Le texte de cette édition suit le manuscrit dactylographié du fonds des œuvres posthumes de l'époque anglaise de Stefan Zweig conservé aujourd'hui dans la *Zweig-Collection* de la Bibliothèque Daniel A. Reed de la State University of New York à Fredonia, NY. Nous remercions Madame Gerda Morrissey qui en a aimablement autorisé la publication.

Ce manuscrit dactylographié porte en tête de la première page la mention ajoutée au crayon par Lotte Zweig : « L'unification de l'Europe. Conférence pour Paris, *non* prononcée ». [...] On n'a pas tenu compte de quelques ajouts et corrections manuscrits qui ne sont ni de la main de Stefan Zweig, ni de celle de Lotte Altmann. [...] Le passage publié entre crochets (« [ ] ») a été rayé au crayon. On ne sait pas si cette coupure a été faite par Lotte Zweig à la demande de Stefan Zweig.

Genèse : après l'interdiction de publier décrétée en Allemagne contre les auteurs juifs au printemps 1933 et après le contrat passé par Stefan Zweig avec Herbert Reichner en vue d'une publication nouvelle des titres les plus importants de Zweig aux Éditions Reichner, à Vienne, à partir de 1934, Zweig rassemble ses nouvelles et récits en deux volumes. Il met aussi en ordre ses manuscrits dactylographiés avec le projet de constituer un autre recueil consistant en un choix de textes dispersés, publiés jusque-là seulement dans des revues et des journaux, qui parut en 1937 aux Éditions Reichner sous le titre *Begegnungen mit Menschen, Büchern, Städten* (« Rencontres avec des personnalités, des livres, des villes »). Lotte Altmann, sa secrétaire à Londres qui allait devenir sa seconde épouse, l'aidait dans cette tâche. Quelques-uns de ces textes durent être retapés à la machine.

Dans ce contexte, Zweig rassembla aussi

quelques-unes de ses conférences sur l'Europe rédigées et prononcées au début des années trente. La conférence ici publiée, « L'unification de l'Europe », dont on ne sait ni à quelle occasion elle fut écrite, ni pourquoi, en définitive, elle ne fut pas prononcée, fut probablement rédigée au milieu des années trente, à Londres. Le format anglais du papier et le type de machine à écrire le suggèrent. Cependant, Zweig n'a pas inclus cette conférence dans son recueil. Elle est ici publiée pour la première fois.

Dans une lettre à Joseph Roth, il est question d'une conférence prévue à Paris, puis annulée, mais il n'est pas certain qu'il s'agisse du présent texte. Le 27 mars 1934, Stefan Zweig écrit de Londres à Roth : « En ce qui concerne la conférence, j'avais promis à Salzbourg de faire une conférence à Radio Paris, je l'ai écrite et fait traduire à mes frais en français (je l'ai encore) – preuve donc de mes meilleures intentions. Puis il s'est avéré qu'il y a deux ans, j'avais promis à une autre société une conférence sur un autre sujet et je ne voulais pas faire deux conférences en même temps à Paris, parce que – comme vous savez – je conserve jalousement mon anonymat là-bas et je ne veux pas être pris dans le tourbillon des invitations. [...] Cette fameuse conférence que – honnêtement – je n'ai pas faite à cause de l'Allemagne et que j'ai déclinée, était prévue à il y a un an, peu de temps après l'arrivée de Hitler, à Strasbourg. Car cela aurait donné prétexte à des attaques si, justement à Strasbourg, où tout le monde comprend l'allemand, j'avais parlé français en tant qu'écrivain allemand et des amis de Strasbourg même m'avaient dit que ce serait délicat vu la tension actuelle. Je l'ai bien compris et toute personne raisonnable ne peut que le comprendre[1]. »

---

1. Lettre de Stefan Zweig à Joseph Roth, de Londres, le 27 mars 1934, n° 120, in Stefan Zweig / Joseph Roth,

Si c'est bien la conférence sur « L'unification de l'Europe » dont Zweig parlait dans cette lettre, ce passage ne nous permet pas de savoir de quelle « société » il est question, quelle conférence fut réellement prononcée à Paris, ni quelle autre conférence était prévue. Il ne s'agit sans doute pas ici d'une conférence à la radio car Zweig parle plusieurs fois de « de nos débats de ce matin » – ce qui permet de supposer la présence d'un auditoire. Il est vrai que, dans la *Zweig-Collection* de Fredonia, on trouve aussi une version française de cette conférence.

<*Fin de la notice de K. Renoldner*>

Grâce à M. Klemens Renoldner, qui a obtenu de la Daniel A. Reed Library, Stefan Zweig Collection, Fredonia/NY une copie du manuscrit dactylographié de

---

Correspondance (1927-1938), trad. Pierre Deshusses, Paris, Payot & Rivages (Bibliothèque Rivages), 2014, p. 164 sq. (trad. modifiée par JLR).

la traduction française (le nom du traducteur n'est pas indiqué) intitulée « L'unification de l'Europe » et conservée dans ce fonds à côté du manuscrit « Einigung Europas », nous avons pu constater que cette traduction, dans l'ensemble fort peu idiomatique et par endroits franchement maladroite, comporte quelques variantes intéressantes, aux endroits signalés par A, B, C... dans le texte de notre traduction (nous transcrivons ces variantes sans corriger les fautes d'orthographes). Les corrections et les compléments ajoutés à la main sont d'une autre écriture que celle de Stefan Zweig.

A *unsere Idee*, traduit par « nos idées » ; « nos idées » a été rayé dans le manuscrit et remplacé à la main par « le nouveau nationalisme Européen ».

B ajouté à la main après le mot « capitale » : « des Etats Unis de l'Europe ».

C *Uebernationalismus,* traduit dans le manuscrit par « super-nationalisme ».

D *übernationale europäische Bindungen*, traduit dans le manuscrit par « l'armature supernationalement européenne ».

E *Helsingfors,* traduit dans le manuscrit par « Helsingfors ». Ajout à la main : « une fois a Florence ».

F *jede Art Politik,* traduit dans le manuscrit par « les politiques », rayé et remplacé à la main par « les recrutements de masses ».

G Ce passage, de « Chaque ville et chaque pays voudra emboîter le pas aux autres... » à « ... une organisation énergique et capable de les empoigner », manque dans le manuscrit de la traduction.

H Ce paragraphe, de « Le sentiment national des Français, des Allemands, des Italiens et de tous les peuples... » à « prévoir des décennies pour l'aboutissement de notre idée », manque également dans le manuscrit de la traduction.

I *eine durchaus unpolitische und unverbindliche [Form]*, traduit dans le manuscrit « [comme] elle n'engage à rien, en tant que suggestion » ; « en tant que suggestion » a été rayé et remplacé à la main par « et qu'elle n'est nuisible à personne ».

Index

Table

La photocomposition de cet ouvrage
a été réalisée par
GRAPHIC HAINAUT
59163 Condé-sur-l'Escaut

Cet ouvrage a été achevé d'imprimer en septembre 2014
par l'imprimerie Maury
pour le compte des Éditions Bartillat

Imprimé en France
Dépôt légal : mai 2014 — N° d'impression : I14/51173Λ
ISBN : 978-2-84100-562-8

Imprimé en France
Dépôt légal : mai 2014 – N° d'impression : 111451173X
ISBN : 978-2-84100-562-8